CW00546198

Les droits de l'homme contre le peuple

© 2016, Groupe Artège
Éditions Desclée de Brouwer
10, rue Mercœur - 75011 Paris
9, espace Méditerranée - 66000 Perpignan

*www.editionsddb.fr*

ISBN : 978-2-22008-144-1

Jean-Louis Harouel

# Les droits de l'homme contre l'homme contre le peuple

DESCLÉE DE BROUWER

*Revenir à la nation,* Jean-Cyrille Godefroy, 2014.

*Le vrai génie du christianisme. Laïcité – liberté – développement,* Jean-Cyrille Godefroy, 2012 (couronné par l'Académie des sciences morales et politiques).

*La grande falsification. L'art contemporain,* Jean-Cyrille Godefroy, 2009 (Prix Renaissance); 2ᵉ éd. avec une postface, 2015.

*Le cause della ricchezza delle nazioni,* Marco Editore, Lungro di Cosenza, 2007.

*Productivité et richesse des nations, anthologie de la pensée économique de Jean Fourastié,* éd. Gallimard, 2005 (couronné par l'Académie des sciences morales et politiques).

*Histoire de l'expropriation,* « Que sais-je ? » n° 3 680, PUF, 2000.

*Les républiques sœurs,* « Que sais-je ? » n° 3 209, PUF, 1997.

*Histoire des institutions publiques depuis la Révolution française*, Dalloz, 8ᵉ éd., 1977 (avec G. SAUTEL).

*Culture et contre-cultures*, PUF, 1994 (couronné par l'Académie des sciences morales et politiques); 3ᵉ éd. avec une postface, 2002.

*L'embellissement des villes. L'urbanisme français au* XVIIIᵉ *siècle*, Éd. Picard, 1993.

*Le "non" de la rose*, Luzech, Futur et Liberté, 1988 (sous le pseudonyme de Janus).

*Histoire des institutions de l'époque franque à la Révolution*, PUF, 1987, 11ᵉ éd., 2006 (avec J. BARBEY, É. BOURNAZEL, J. THIBAUT-PAYEN).

*Essai sur l'inégalité*, PUF, 1984 (couronné par l'Académie des sciences morales et politiques).

*Histoire de l'urbanisme*, PUF, 1981, « Que sais-je ? » n° 1 892, 5ᵉ éd., 1995 (trad. portugaise, suédoise, roumaine).

*Les désignations épiscopales dans le droit contemporain*, PUF, 1977.

*Les 40 000 heures. Fourastié : analyse critique*, éd. Hatier, 1973.

*Les ateliers de charité dans la province de Haute-Guyenne*, PUF, 1969.

*Histoire du droit social. Mélanges en hommage à Jean Imbert* (dir.), Paris, PUF, 1989.

# INTRODUCTION

La France parviendra-t-elle à ne pas se laisser entraîner dans l'orbite du monde arabo-musulman ? Rien n'est moins sûr, car dans sa confrontation avec l'islam de masse installé sur son sol, la France se trouve mortellement handicapée par ce qui fait sa fierté et constitue la seule identité qu'elle veuille bien revendiquer aujourd'hui : les droits de l'homme. En effet, l'application de droits individuels jadis conçus pour protéger un peuple contre les excès d'autorité de ses gouvernants devient dangereuse pour ce peuple quand se déversent sur son territoire d'autres peuples, surtout dans un climat de guerre entre civilisations.

Par-delà les opérations militaires contre le califat autoproclamé d'Irak et de Syrie, la France – et avec elle l'ensemble de l'Europe occidentale – se trouve engagée dans une guerre de civilisations qui la place en situation de conflit latent avec le monde musulman, tout particulièrement sunnite. La frontière entre l'islamisme et l'islam est largement théorique. L'islamisme n'étant que le retour à la tradition de l'islam, aucun musulman conséquent ne peut sincèrement le condamner, même quand il regretterait les moyens employés.

Le concept de guerre de civilisations, que l'on s'est empressé de rejeter au prétexte qu'il s'agirait d'une bêtise du néoconservatisme bushiste, est une réalité, certes désagréable, mais malheureusement évidente. Ayant généralement pour enjeu principal le contrôle d'un sol, les conflits entre États ou groupes appartenant à des civilisations différentes sont susceptibles de déboucher sur des guerres civilisationnelles, lesquelles peuvent éclater entre des États, mais aussi au sein d'un même État. Il est par ailleurs avéré que les musulmans sont beaucoup plus impliqués que les membres des autres civilisations dans les violences des guerres de civilisations[1].

L'islam impose aux Européens un conflit de civilisations en s'invitant et en s'incrustant avec aplomb sur leur sol tout en refusant de se fondre dans la société sécularisée produite par près de deux millénaires de chrétienté occidentale, et dont les membres, quand bien même ils ne seraient plus religieusement des chrétiens, ne portent pas moins profondément l'empreinte du christianisme, ce qui fait des modernes que nous sommes – athées et anticléricaux compris –, qu'on le veuille ou non, des chrétiens[2].

Dans sa guerre ouverte contre l'Occident, l'islamisme entend s'appuyer sur les masses musulmanes installées sur le sol européen et qui y affluent chaque jour plus nombreuses.

---

1. Samuel P. HUNTINGTON, *Le choc des civilisations*, Paris, éd. Odile Jacob, 2007 [1997], p. 278-287.
2. Marcel GAUCHET, *Le désenchantement du monde*, Paris, éd. Gallimard, 2004 [1985], p. 202.

L'islam submerge des territoires entiers et y installe sa civilisation, ses minarets, ses modes de vie, ses prescriptions et interdits alimentaires, ses comportements vestimentaires, avec pour conséquence de déposséder les habitants légitimes et de les expulser vers d'autres zones.

Toutes les personnes originaires de pays musulmans ne sont certes pas des terroristes en puissance, bien loin de là. Mais un très grand nombre d'entre elles est en situation de conflit civilisationnel avec la France et les autres pays européens. Le port systématique du foulard ou du voile islamique en est un signe majeur. Brandi comme un étendard, le folklore identitaire arabo-musulman est le terreau où se nourrit le djihadisme qui vient à nouveau de tuer sauvagement en France le vendredi 13 novembre 2015 et en Belgique le mardi 22 mars 2016.

Cette conquête silencieuse de l'islam se fait sous la protection des droits de l'homme, invention des nations occidentales destinée à garantir les droits de leurs membres face au pouvoir, mais qui est devenue une machine de guerre contre ces nations. Aujourd'hui transformés en une religion séculière de nature millénariste obsédée par la non-discrimination, les droits de l'homme exposent chaque peuple européen à voir des membres d'un autre peuple s'installer massivement chez lui et mettre à profit ces droits pour travailler à le détruire, pour faire prévaloir leur mode de vie et leurs valeurs, au détriment de ceux du pays d'accueil. Les droits de l'homme permettent à un groupe identitaire installé au sein d'une nation, étranger à elle par les origines et les sentiments, de la combattre de l'intérieur et de chercher à s'emparer de son sol, de son être, à se substituer à elle.

L'admission, au nom des droits de l'homme, de tous les individus présents sur le territoire d'un pays européen à multiplier les revendications et les actions juridiques fournit à ces individus une arme en principe contre l'État, mais en réalité contre le groupe humain du pays d'accueil. Comme le rappelait le grand juriste que fut le doyen Georges Vedel, l'État n'est que « l'organisation politique du peuple[3] ». Si bien que tout ce qui est gagné contre l'État d'un pays est gagné contre le peuple dont cet État est le visage institutionnel.

En France tout particulièrement, nous ne sommes plus dans le cas de figure des droits d'un peuple face à son État, mais du droit d'un peuple d'être défendu par son État contre la présence envahissante de membres d'autres peuples, d'autres civilisations, qui dépossèdent notre peuple d'une partie de son territoire, lui causent de graves préjudices (incivilités, violences, dommages matériels), lui occasionnent des dépenses énormes (allocations sociales, médicales, dépenses éducatives) et détruisent son identité. Bref, qui sont en train de nous remplacer. Si bien que notre préoccupation première est désormais notre droit, comme peuple, à survivre.

Or cette survie est subordonnée à la répudiation du millénarisme mortifère de la religion séculière des droits de l'homme. Car cette religion des droits de l'homme, au nom du dogme de l'amour de l'autre jusqu'au mépris de soi, a

---

3. Georges VEDEL, *Cours de droit constitutionnel*, Paris, Les cours du droit, 1952-1953, p. 411.

gravement dénaturé notre droit au détriment des valeurs de durée nécessaire à l'inscription dans le très long terme des groupes humains. Car cette religion des droits de l'homme nous livre sans défense à la flagellation d'une immigration dont le déferlement est présenté comme le règne du bien sur la terre. Car cette religion des droits de l'homme prête la main à la conquête généralement feutrée, mais bien réelle, de notre pays par la civilisation arabo-musulmane.

# LES DROITS DE L'HOMME, OUTIL DE LA CONQUÊTE MUSULMANE

*Avec vos lois démocratiques nous vous coloniserons. Avec nos lois coraniques nous vous dominerons[4].*

Ainsi parle en 2002 à Rome le cheikh Yousouf al Quaradawi, l'un des principaux dirigeants des Frères musulmans au niveau européen[5]. Il revendique que les musulmans installés en Europe y vivent «dans une civilisation musulmane complète, orientée par la foi musulmane, soumise à la loi de l'islam». C'est là un projet beaucoup plus politique que religieux au sens habituel du terme.

---

4. Cité par Claude SICARD, *Le face-à-face islam-chrétienté*, Paris, éd. François-Xavier de Guibert, 2008, p. 316-317; et par Ivan RIOUFOL, *De l'urgence d'être réactionnaire*, Paris, PUF, 2012, p. 78.
5. Il est président d'un Conseil européen de la *fatwa* et de la recherche (CEFR) créé auprès de l'UOIE (Union des organisations islamiques européennes), organisation très proche des Frères musulmans en dépit de ses dénégations. La branche française de l'UOIE est l'UOIF (Union des organisations islamiques françaises), composante importante du CFCM (Conseil français du culte musulman).

D'ailleurs, le cheikh éclaire son propos en énonçant que l'islam est « religion et État, foi et loi, culte et commandement, Livre et épée, prière et djihad, tout à la fois, sans division aucune ». Or, les musulmans ne peuvent vivre en Europe dans une telle civilisation musulmane complète – obéissant à un gouvernement musulman, régie par le droit musulman, servant au besoin l'islam par la guerre – que dans le cadre d'une structure étatique musulmane. Cela veut dire en clair que les Frères musulmans veulent pour l'islam en Europe une dimension étatique, soit que certains pays existants deviennent musulmans, soit que les musulmans se taillent dans tel ou tel pays une ou plusieurs enclaves. Le modèle de l'État, musulman de fait, du Kosovo issu d'un démembrement de la Serbie est ici évident.

Le plan des Frères musulmans semble clairement être de faire naître des Kosovo en Europe occidentale. Le pays le plus menacé est d'évidence la France, où vivent quelque 5 millions de musulmans – soit une multiplication par 5 par rapport aux années 1960 – et qui concentre à elle seule sur son territoire métropolitain le quart des musulmans de l'Union européenne[6].

Étant politique et juridique bien plus que religieux au sens strict, l'islam a intrinsèquement vocation à prendre une dimension étatique. Or, l'existence d'un État exige un peuple, un territoire, un gouvernement. Les musulmans présents en Europe ont le peuple. Ils n'ont pas leur gouvernement, mais ils ont déjà leur droit – leur loi divine – qui

---

6. Michèle Tribalat, *Assimilation. La fin du modèle français*, Paris, éd. du Toucan, 2013, p. 117-123, 139-149.

en tient guise. Ne leur manque que le territoire. Ils sont en train de se le tailler en divers points de l'Europe et tout spécialement en France au moyen d'une conquête feutrée, une conquête non dite, mais bien réelle.

Or, cette conquête musulmane, le cheik Yousouf al Quaradawi marque bien qu'elle s'effectue grâce aux droits de l'homme, lesquels aident les musulmans à coloniser l'Europe, qu'ils visent à dominer ensuite au moyen de la loi coranique dont ils comptent bien imposer le respect aux Européens. Sous couvert de respect de la liberté religieuse, c'est une civilisation ennemie de la civilisation européenne qui poursuit son entreprise de conquête et de domination.

## *L'ABSENCE DE VRAIE FRONTIÈRE ENTRE ISLAM ET ISLAMISME*

Tous les musulmans, et bien loin de là, ne sont pas des islamistes. Et tous les islamistes ne sont pas des terroristes en puissance, beaucoup d'entre eux ne souhaitant pas le recours à la violence. Il n'en reste pas moins qu'ils diffusent une lecture littérale des textes saints qui est favorable à l'explosion de la terreur djihadiste. La ligne de démarcation que l'on prétend tracer entre islam, islamisme quiétiste (ou piétiste) et islamisme violent est très largement une fiction.

Il est vain d'essayer de se rassurer au moyen de l'idée fausse selon laquelle il y aurait d'une part «le véritable islam» et d'autre part l'islamisme qui serait «une maladie de l'islam» rejetée par la majorité des musulmans. La réalité, comme l'a observée le philosophe Christian Delacampagne, est «qu'entre l'islam et l'islamisme il n'y a jamais eu cette frontière étanche qu'ont inventée pour dormir tranquillement les "belles âmes" occidentales». L'islamisme «n'est autre que l'expression d'une volonté de retour aux principes fondamentaux de l'islam», si bien «qu'en ce sens, il ne peut être ouvertement désapprouvé par aucun musulman pieux ou même conformiste». Pour «une grande partie des masses musulmanes [...], les "vraies valeurs" restent les valeurs de l'islam». Et le «programme politique et social des islamistes», centré sur la volonté d'un retour à une stricte application de la loi divine, constitue à leurs yeux «le meilleur programme envisageable[7]».

Du fait que Mahomet fut un chef de guerre, la violence figure parmi les principes fondamentaux de l'islam. C'est pourquoi l'objectif de revenir au respect de la loi divine est toujours susceptible de déboucher sur l'usage de la violence, qu'il est dès lors bien difficile à un musulman cohérent de condamner sincèrement. Même si elle est loin d'être son seul visage, la violence est un des visages authentiques de l'islam, car inscrite dans ses textes fondateurs.

Ceux qui affirment que la violence djihadiste trahit le véritable islam le font au nom d'une certaine lecture du Coran, à laquelle on peut opposer une autre lecture tout aussi fondée, voire davantage, qui légitime cette violence. Bien souvent, les citations sont tronquées pour donner le sentiment d'un islam fondamentalement pacifique. Quand,

---

7. Christian DELACAMPAGNE, *Islam et Occident*, Paris, PUF, 2003, p. 46, 125-130.

après un attentat djihadiste, des musulmans invoquent la condamnation des tueries par le Coran, ils citent souvent un fragment – «ne tuez pas la vie qu'Allah a déclarée sacrée» –, en omettant le début de la phrase qui indique qu'il y a cas où on est en droit de tuer, ainsi que la suite du verset où il est dit que si quelqu'un a été tué injustement, ses proches sont autorisés à le venger[8]. Si bien que les auteurs des attentats, qui ont le sentiment de venger les leurs, sont convaincus d'être dans leur bon droit. De même, quand on invoque un verset coranique interdisant de tuer des innocents, on se garde de dire qu'en droit coranique, celui qui a pris connaissance de la religion musulmane et ne s'est pas converti est un coupable : il est coupable d'infidélité[9].

Autant il est aisé de condamner au nom de l'Évangile les violences provoquées ou cautionnées par la religion chrétienne à travers l'histoire, autant il n'est guère possible de condamner, au nom des textes saints de l'islam, la violence djihadiste. Quand elle est déplorée ou réprouvée par une personne se considérant comme musulmane, cela peut s'expliquer par une foule de raisons : un caractère pacifique et bienveillant, un sentiment de compassion pour les victimes, le goût de l'ordre et de la tranquillité, un loyalisme envers le pays d'accueil, l'idée que cette violence nuit à l'image de l'islam, le mécontentement des pertes d'argent causées par un terrorisme qui fait fuir la clientèle et nuit aux affaires, etc. Sans compter que cette personne peut,

---

8. Coran, XVII, 33.
9. Marie-Thérèse URVOY, « *Quid* d'un islam libéral ? », *Valeurs actuelles*, 10 décembre 2015, p. 87.

sans en avoir pleinement conscience, prendre une certaine distance avec les principes fondamentaux de l'islam. En revanche, un musulman ne peut condamner cette violence de manière crédible au nom de la loi divine, au nom du Coran, dès lors que l'invitation à la violence y est expressément et abondamment inscrite.

La condamnation de la violence exercée en invoquant Mahomet et le Coran est porteuse, qu'on le veuille ou nom, d'un certain désaveu d'un texte censé être la parole divine. C'est pourquoi la plupart des musulmans sont généralement si réticents à prononcer une telle condamnation et quand ils le font sont si mal à l'aise. Tout en réprouvant les attentats commis à Paris en janvier et en novembre 2015, le Conseil français du culte musulman (CFCM) s'est bien gardé de mentionner que cette violence se réclamait du Coran : son appel solennel du 20 novembre s'est borné à affirmer qu'elle est « la négation même des valeurs de paix et de fraternité que porte l'islam ». Bref, il veut exonérer l'islam de toute responsabilité dans la violence djihadiste, ce qui est un déni de réalité. Comme l'observe Rémi Brague, « tous les musulmans ne sont pas islamistes, mais tous les islamistes sont musulmans[10] ».

Pour autant, on ne peut que saluer le courage de tel musulman qui, à la suite de la tuerie de novembre, menacé de mort par l'État islamique, a sur une grande chaîne de télévision[11] défié « les yeux dans les yeux » les djihadistes de France, les accusant d'être des gens qui « salissent » la

---

10. *Le Figaro*, 28-29 nov. 2015, p. 18.
11. BFM TV, émission de Ruth Elkrief.

religion musulmane, qu'il affirme être «une religion de paix et de miséricorde». Il leur reproche d'être des «ingrats» qui ont renié leur patrie, leur pays qui les a nourris et dont l'école les a accueillis. Et il déclare solennellement: «Nous, musulmans de France, dans notre majorité écrasante [...], notre allégeance citoyenne, patriotique, elle va vers notre nation: la France[12].» Il y a indiscutablement là un magnifique témoignage de loyalisme envers la France et un effort très important pour mettre en avant dans l'islam les valeurs d'humanité. Surtout, l'auteur de ces paroles – comme un certain nombre d'autres musulmans usant librement de leur intelligence – ramène par ailleurs explicitement les passages violents du Coran à un contexte historique donné, ce qui leur ôte leur autorité absolue. Il procède ainsi à une critique historique du Coran. C'est capital, car il ne suffit pas d'affirmer, même de bonne foi, que l'islam est entièrement pacifique et doux pour qu'il le soit. Professeur d'islamologie à Bordeaux, Marie-Thérèse Urvoy nous avertit: «Si l'on veut que l'expression "islam libéral" couvre autre chose qu'une accommodation circonstancielle – justifiée au demeurant par la *taqiyya* (dissimulation légale) –, il faut qu'il se fonde sur l'affirmation explicite et nette que le Coran est un livre inspiré, mais non dicté en une "descente" (*tanzil*) concrète du ciel, et qu'il transmet un message purement spirituel et non une loi (*charia*)[13].» Ce serait une immense révolution, aboutissant sous le nom inchangé d'islam à l'émergence d'une religion très différente de celle qui existe depuis plus

---

12. https://www.youtube.com/watch,v=wzRbiZjard4.
13. Marie-Thérèse Urvoy, *art. cit.*, p. 87.

d'un millénaire, rejetant la notion de législation d'origine divine et ne gardant que l'idée d'un homme libre de ses choix et responsable devant son créateur, accompagnée des seules valeurs de miséricorde et de paix. Tant que cette révolution n'aura pas été faite et acceptée par la grande majorité des musulmans du monde entier, l'islam restera redoutable aux pays européens.

## *L'ENTREPRISE CONQUÉRANTE D'UNE CIVILISATION HOSTILE*

La dimension civilisationnelle de l'islam et son hostilité à la civilisation européenne sont obstinément niées par nos gouvernants. Quand la classe politique française se préoccupe de l'islam, elle le fait toujours sous le seul angle de la liberté religieuse et de la non-discrimination. Or les musulmans ne sont que secondairement les fidèles d'une religion. Pour la plupart d'entre eux, ils forment avant tout un groupe identitaire politico-religieux d'origine étrangère. Un groupe identitaire antagoniste de la France, se réclamant d'une civilisation totale dans laquelle la politique, le droit, la religion et les mœurs forment un bloc indissociable. Un groupe identitaire qui est en train de conquérir des morceaux de la France.

Certes, tous les musulmans – et tant s'en faut – ne se perçoivent pas comme des conquérants. Il n'empêche. Jadis, les Wisigoths ou les Burgondes autorisés à s'installer dans l'Empire romain d'Occident n'eurent pas le sentiment d'être des conquérants. Mais deux générations plus tard, les barbares avaient pris le pouvoir et s'étaient taillé des royaumes sur le territoire de l'Empire anéanti.

Certes, bien des personnes de confession ou d'origine musulmane ne se sentent nullement ennemies de la France, mais l'islam en tant que corps de doctrine l'est bel et bien. Il est l'ennemi à la fois du passé chrétien de la France et de son actuelle sécularisation. Pour l'essentiel, l'islam est aujourd'hui hostile à la France, hostile à l'Europe. Si bien que l'intégration des populations immigrées originaires des pays musulmans est inversement proportionnelle à leur attachement à l'islam.

Il n'en fut pas toujours ainsi, du fait de la désislamisation des premières générations d'origine maghrébine installées en France sous l'effet de la sécularisation de la société française et d'un sentiment national français encore relativement fort. En conséquence, il y eut fréquemment un détachement à l'égard du culte et de l'observation des règles coraniques, voire une rupture totale avec l'islam. Cette sortie de l'islam se rencontre surtout chez des gens ayant une formation intellectuelle élevée et qui ont trouvé avec bonheur dans la laïcité française une libération par rapport à l'étouffant et tyrannique conformisme de l'islam. Si bien qu'un certain nombre de Français d'ascendance musulmane sont aujourd'hui entièrement sécularisés et heureux de l'être, y compris dans les jeunes générations. Il n'y a rigoureusement plus rien de musulman en eux. Ils sont parfaitement assimilés. Mais ils ne représentent qu'une minorité.

Il existe aussi au sein de la population de tradition musulmane des groupes résolument loyalistes se réclamant d'un profond attachement à la patrie française. Tel est le cas du mouvement «Fils de France» qui proclame que sa raison d'être est de défendre, avant toute chose, l'intérêt supérieur de la France. Mais, là encore, il s'agit d'une étroite minorité.

Pour l'essentiel, les populations originaires de pays musulmans, dont l'importance numérique a énormément grandi du fait d'une immigration incessante et d'une natalité élevée, rejettent aujourd'hui la civilisation européenne qui est, qu'on le veuille ou non, de «marque chrétienne[14]». Elles ne se reconnaissent que dans la civilisation musulmane.

La civilisation musulmane est une grande civilisation extrêmement différente de celle de l'Europe occidentale, ce qui a entraîné entre elles un antagonisme millénaire. Elles sont porteuses de deux héritages historiques ennemis et *a priori* inconciliables. D'où le refus d'un grand nombre de musulmans d'adhérer vraiment à la nation France[15]. «La nation est une âme», disait Renan[16]. Au lieu de quoi a lieu aujourd'hui le choc de deux âmes adverses, de deux nations. Alors que Renan célébrait le «legs de souvenirs» suscitant le désir de vivre ensemble, le heurt de deux legs de souvenirs antagonistes est générateur d'une hostilité. Dans la mesure où elles sont profondément attachées à l'islam, les personnes d'ascendance musulmane vivant en France

---

14. Pierre MANENT, *Situation de la France*, Paris, éd. DDB, 2015.
15. En référence au titre du beau livre de Colette BEAUNE, *Naissance de la nation France*, éd. Gallimard, Paris, 1985.
16. Ernest RENAN, «Qu'est-ce qu'une nation?», conférence du 11 mars 1882.

ne peuvent éprouver que de l'antipathie à l'égard de cet héritage d'histoire et de civilisation qu'est la nation France. Leur sympathie est réservée à l'islam.

La chose est manifeste dans les écoles où la masse des élèves musulmans fait régner un obscurantisme bigot qui interdit de rien dire qui ne soit à la gloire de l'islam ou qui heurte ses croyances. Dans certaines classes, on ne peut parler ni de Voltaire ni de Darwin sans susciter l'émeute. Des événements fondateurs de l'Europe – comme la bataille de Poitiers de 732 ayant marqué le coup d'arrêt de la progression conquérante de l'islam dans le royaume des Francs, ou encore la résistance victorieuse de Vienne à l'agression ottomane en 1519 puis en 1683 – sont irrecevables par des élèves musulmans. De même qu'est irrecevable tout ce qui est relatif à la traite musulmane des Noirs, laquelle a déporté au moins autant de personnes que la traite européenne, ainsi que le rôle important joué par des musulmans, chefs de tribus ou marchands, dans l'alimentation de cette traite européenne. Les élèves et leurs parents contestent le propos des professeurs, qu'ils taxent d'islamophobie[17].

L'islam en tant que groupe politique est anti-français et antieuropéen, hostile à l'idée d'appartenance au monde européen et en l'espèce à la France. Cela peut faire de certains musulmans de véritables ennemis de l'intérieur. L'auteur des tueries de Montauban et de Toulouse en mars 2012 était un jeune homme issu de l'immigration algérienne, «né dans une famille où la haine de la France est extrême[18]».

---

17. Anna Topaloff, *Marianne*, 3-9 mars 2012.
18. Gilles Kepel, *Terreur dans l'hexagone*, Paris, éd. Gallimard, 2015, p. 117-118.

Certaines parties de l'espace européen sont considérées comme terre musulmane par les musulmans qui y vivent. En 2002, un imam de Roubaix a refusé de rencontrer le maire de Lille, qui était alors Martine Aubry, dans son quartier au prétexte que c'était un territoire musulman et qu'il serait impur – *haram* – qu'elle y vienne. Or les musulmans dominent désormais, ou sont en position de dominer, certaines villes européennes parmi les plus importantes. Et ne sont pas seules touchées les anciennes puissances coloniales ayant exercé un pouvoir sur des populations musulmanes. La Suède n'a pas eu de colonies, mais à Rosengård, banlieue de Malmö, 90 % des femmes circulent voilées[19]. Dans divers pays européens et tout spécialement en France, on assiste ainsi à la formation progressive « d'un autre pays, d'une autre civilisation[20] ».

C'est à cette autre civilisation qu'adhèrent les Européens convertis à l'islam. Tout à leur nouvelle appartenance, ils n'ont que mépris pour leur nation d'origine et pour l'héritage indivis qu'elle représente[21]. Toute leur tendresse et leur loyauté vont à la civilisation musulmane.

Les musulmans appartiennent avant toute chose à l'*oumma*, à la nation musulmane. Constituée par l'ensemble

---

19. Christopher CALDWELL, *Une révolution sous nos yeux*, Paris, éd. du Toucan, 2011, p. 169, 188, 189.

20. Alain BESANÇON, préface à Jacques ELLUL, *Islam et judéo-christianisme*, Paris, PUF, 2004, p. 10.

21. Cela ne s'applique pas à ceux qui sont contraints de se convertir à l'islam, de manière purement formelle à leurs yeux, pour pouvoir épouser une musulmane. Sigrid CHOFFÉE-HAROUEL, «Mariage, certificat de coutume et conversion obligatoire à l'islam», *Plenitudo juris*, Paris, Mare & Martin, 2015, p. 143-156.

de tous les croyants, l'*oumma* rassemble tous ceux qui se reconnaissent dans la civilisation musulmane. Ce n'est que secondairement que les musulmans sont Arabes, Syriens, Égyptiens, Algériens, Tunisiens. Et bien plus secondairement encore Français, Belges, Néerlandais ou Américains. Si l'on met à part le cas du Maroc, du fait que son roi en est en quelque sorte le calife national[22], l'idée de nation particulière est étrangère à la civilisation musulmane. On ne peut donc pas s'attendre à ce que des musulmans convaincus placent leur appartenance à une nation occidentale avant leur appartenance à l'islam. « C'est là une équation impossible ! » estime Wafa Sultan, psychiatre américaine d'origine syrienne. Elle considère qu'un musulman vivant aux États-Unis est obligé de « mettre un masque » pour préserver ses intérêts, mais qu'il « ne peut jamais se libérer de sa vraie nature islamique[23] ». C'est encore plus vrai en Europe, où les musulmans ne se sentent pas obligés de mettre un masque, si bien qu'ils manifestent plus facilement leur désintérêt ou leur antipathie pour la nation d'accueil.

Une nation dont ils rejettent aussi la sécularisation, qui est en soi un phénomène profondément antinomique à l'islam.

---

22. Chef politique, mais aussi religieux des Marocains, le roi porte la titulature califale : *amir al-mu'minîn* (prince des croyants). Cela favorise grandement le sentiment national marocain.
23. Wafa SULTAN, dans *Islamisme. Comment l'Occident creuse sa tombe*, dir. H. Zanaz, Paris, Éditions de Paris, 2013, p. 43-44.

## UN SYSTÈME TOTAL REJETANT LA DISJONCTION DU POLITIQUE ET DU RELIGIEUX

L'islam refuse cette disjonction qui fonde la civilisation occidentale. C'est une erreur de considérer l'islam seulement comme une religion. C'est une erreur de définir sa place dans les sociétés occidentales du point de vue de la seule liberté religieuse. Car l'islam a une très forte dimension politique. La civilisation musulmane est caractérisée par le fait que la communauté des fidèles est une structure politico-religieuse[24]. L'islam est à la fois religion et régime politique (*dîn wa-dawla*)[25]. Et encore le mot *dîn* ne signifie-t-il pas exactement la religion mais la loi, ce qui n'est pas du tout la même chose.

L'islam, comme le judaïsme d'ailleurs, n'a pas de mot pour traduire le terme occidental de religion. Car, dans les deux cas, il s'agit d'«une "religion" qui invente l'État pour en faire sa chose, et qui se confond avec lui». Si bien que l'islam est un système «total[26]». N'étant à beaucoup d'égards, comme l'avait déjà noté Voltaire, «qu'un réchauffé de judaïsme[27]», l'islam est, comme lui, une législation révélée, un ensemble de règles prétendument divines dont beaucoup sont juridiques. Ce code de droit est contenu dans

---

24. Maxime RODINSON, «L'intégrisme musulman et l'intégrisme de toujours», *Rationalisme et religions, Raison présente*, n° 72, Paris, 1984, p. 96.

25. Rémi BRAGUE, *Europe, la voie romaine*, Paris, éd. Gallimard, 1999, p. 199.

26. Élie BARNAVI, *Les religions meurtrières*, Paris, éd. Flammarion, 2006, p. 21-22.

27. VOLTAIRE, «Le danger d'avoir raison», *Romans et contes*; texte correspondant à l'article «Raison» du *Dictionnaire philosophique*.

la *Charia* qui rassemble le Coran et la *Sunna*, laquelle est constituée des dires, actes et approbations de Mahomet : les *hadiths*. Les règles de droit régissant la société musulmane sont réputées être des normes divines intangibles.

Système total, l'islam rejette l'idée de disjonction du politique et du religieux, principe d'origine chrétienne né du fameux : « Rendez à César ce qui est à César, et à Dieu ce qui est à Dieu. » Fondatrice de ce qui est appelé en France la laïcité, cette disjonction a été la source d'où a pu naître la liberté de l'individu, avec toutes ses conséquences positives : esprit critique et liberté de l'esprit, tolérance, progrès intellectuel et pensée scientifique, progrès technique et enrichissement de la société. Tout cela est issu de la dualité chrétienne entre les pouvoirs temporel et spirituel[28].

Au contraire, pour l'islam, le sacré englobe le profane. La légitimité de l'État résulte de son action au service de la *Charia*[29]. En dehors de cela, l'État n'a pas de raison d'être. Pour que le pouvoir politique soit légitime, son implication au service de l'islam doit être explicitement reconnue par les hommes de religion, par les *oulémas*.

Dans les pays musulmans où a été instaurée sur le modèle occidental une sécularisation de l'État et de la société, elle est menacée par une forte réislamisation des esprits. En Turquie, voici quinze ans que les élections reconduisent au pouvoir des gouvernants islamistes, proches du mouvement des Frères musulmans, qui démantèlent la laïcité et

---

28. Jean-Louis HAROUEL, *Le vrai génie du christianisme*, Paris, éd. J.-C. Godefroy, 2012.
29. Rémi BRAGUE, *La loi de Dieu*, Paris, éd. Gallimard, 2005, p. 197.

reconstruisent la mainmise de l'islam sur la société même si les pays occidentaux préfèrent se rassurer en les qualifiant de musulmans modérés. En Indonésie, la montée en puissance des courants islamistes radicaux remet en cause la limitation de l'islam à la sphère privée. Les écoles coraniques se multiplient. Le voile islamique et la récitation du Coran à l'école se répandent. D'ailleurs, la sécularisation imposée à l'islam par l'État indonésien a été condamnée en 2005 par la plus haute autorité religieuse du pays, le Conseil des *oulémas*[30].

L'installation en Europe d'une importante population musulmane offrait à l'islam une chance historique, sous la contrainte du modèle occidental sécularisateur, de se débarrasser de tout son arsenal de règles juridico-religieuses médiévales d'origine bédouine et de tout son folklore arabisant, pour devenir une religion au sens usuel du terme. Mais cette chance a été perdue à cause de la pusillanimité des responsables politiques européens. Obsédés de respect des droits de l'homme, les États européens se sont inclinés face à un islam parlant haut et fort et prétendant régner en maître sur l'ensemble des personnes issues de l'immigration musulmane, les réintégrant au besoin par l'intimidation dans l'observation de la loi divine ainsi que dans les modes de vie et de pensée musulmans.

---

30. Claude SICARD, *L'islam au risque de la démocratie*, Paris, éd. François-Xavier de Guibert, 2011, p. 228-239.

## UN SYSTÈME PROSCRIVANT PAR LA PEUR LA LIBERTÉ DE PENSÉE

Bien que cela n'empêche pas les droits de l'homme de favoriser sa prolifération en Europe, l'islam fait très peur, et c'est au premier chef aux musulmans qu'il fait peur. Un musulman ne peut quitter l'islam pour une autre religion sans risquer la mort. C'est une apostasie et le Coran (XVI, 108) ainsi que plusieurs *hadiths* frappent les coupables d'apostasie de sanctions pouvant aller jusqu'à la mort.

De même, sauf rarissimes exceptions, des intellectuels d'origine musulmane n'ont pas osé se dresser ouvertement contre l'islam. C'est trop dangereux d'être un mauvais musulman, et pire encore un impie. En effet, le musulman qui refuse de s'acquitter de l'obligation légale de la prière est réputé apostat et donc passible de la mort[31]. En vertu d'un droit pénal d'origine prétendument divine, et à ce titre intangible, on ne peut, sans risquer sa vie, rejeter l'islam et encore moins l'insulter, comme l'ont fait tant d'Européens avec les dogmes et les rites chrétiens. Une mécanique répressive de nature terroriste protège l'islam contre la liberté de l'esprit.

Grâce à la protection de cette mécanique terrorisante, les sociétés musulmanes n'ont pas connu la grande révolte contre la domination de la religion qui a caractérisé les sociétés chrétiennes de l'Europe. L'islam est resté indemne

---

31. Dominique et Janine SOURDEL, *Dictionnaire historique de l'islam*, Paris, PUF, 1996, V° « Peines légales », p. 660.

de toute contestation interne, car il en est préservé par la peur.

Même dans les pays musulmans réputés les plus proches du modèle de la démocratie à l'occidentale, tout ce qui touche à la liberté de pensée reste un sujet brûlant. Même chez les musulmans les plus libéraux, la liberté de penser et d'exprimer sa pensée pose problème[32]. D'ailleurs, la *Déclaration islamique universelle des droits de l'homme* adoptée à Londres en 1981 subordonne l'exercice de la raison à la lumière de la révélation divine. Et la *Déclaration sur les droits de l'homme en islam* adoptée au Caire en 1990 interdit d'exprimer toute opinion «en contradiction avec les principes de la *Charia*». Les droits de l'homme selon l'islam excluent la liberté de communiquer sa pensée. Fondamentalement, l'incompatibilité entre l'islam et les sociétés européennes se situe au niveau de la liberté de l'esprit.

Or, maintenant qu'il est très implanté en Europe et un peu aux États-Unis, l'islam prétend imposer aux Occidentaux cette interdiction de la liberté de pensée et d'expression. L'islam travaille à empêcher toute critique venant des non-musulmans. Car la *Charia* leur enjoint de parler de l'islam avec respect et leur interdit tout propos pouvant offenser les musulmans. Lourde de menaces, cette injonction s'adressait jadis aux *dhimmis,* aux chrétiens et aux juifs tolérés dans le monde islamique sur le mode de l'infériorité juridique et de l'humiliation. Aujourd'hui, l'islam prétend intimider les pouvoirs publics, les médias

---

32. Philippe d'IRIBARNE, *L'islam devant la démocratie*, Paris, éd. Gallimard, 2013, p. 126-128.

et les intellectuels occidentaux. Par la peur qu'il inspire, il les contraint souvent à une forte autocensure afin de ne pas offusquer les musulmans. Et il ne manque pas d'utiliser l'arme des droits de l'homme pour contraindre les pays européens à adopter un profil bas face à la population musulmane qui y vit.

C'est ainsi que la municipalité d'Oxford a renoncé à l'emploi du mot Noël dans les documents émanant d'elle pour ne pas irriter les musulmans en nommant une fête chrétienne. Ce faisant, les Occidentaux se comportent en *dhimmis*, en inférieurs qui s'inclinent devant la supériorité de l'islam. D'où chez les musulmans « un sentiment excessif de puissance », alimenté par la lâcheté des Européens. Face à cette entreprise musulmane de destruction d'une liberté d'expression en matière religieuse proclamée depuis plus de deux siècles, les Occidentaux ont le choix entre se soumettre ou se battre afin de reconquérir une liberté qui paraissait définitivement acquise[33].

Quant à la position musulmane, elle est sans équivoque. Le très médiatique propagandiste islamique Tariq Ramadan a expliqué que la liberté de religion qui a cours en Europe n'était « pas un bien en soi ». Elle n'est un bien que de manière temporaire, et cela parce qu'elle « permet la pratique et la consolidation de l'islam[34] ». Bref, elle facilite grandement l'installation de l'islam et son entreprise de conquête. Mais une fois maître du pouvoir, l'islam affirmerait son exclusivité, soit de manière radicale comme dans les nombreux

---

33. Michèle Tribalat, *Assimilation. La fin du modèle français, op. cit.* p. 220-226.
34. Cité par Ivan Rioufol, *op. cit.*, p. 398.

pays musulmans où la simple existence d'églises chrétiennes est interdite, soit en tolérant la présence d'autres religions à condition que les non-musulmans soient en position d'infériorité et d'humiliation, soumis à une foule de tracasseries ou même de persécutions.

## UN SYSTÈME STRUCTURELLEMENT ULTRADISCRIMINATOIRE

De manière ubuesque, dans les nations européennes, notre système juridique des droits de l'homme, avec son obsession de la non-discrimination dont profitent abondamment les musulmans, prépare paradoxalement la domination d'un système juridico-divin fondé sur la discrimination, puisque l'islam est par définition discriminatoire. Né de valeurs chrétiennes, encore que grandement falsifiées par la religion humanitaire, comme il sera montré plus loin, l'actuel principe de non-discrimination ne subsisterait pas en Europe si l'islam y dominait.

Car l'islam repose sur une triple discrimination inscrite de manière irrévocable dans le code de droit que contient la *Charia* : discrimination à l'encontre des non-musulmans, discrimination à l'encontre des femmes, discrimination produite par la légalité de l'esclavage.

L'islam tolère certes les juifs et les chrétiens, mais fait d'eux une population de seconde zone, les *dhimmis*. Soumis institutionnellement à toute une série d'incapacités et d'humiliations, en principe protégés par les autorités contre les violences et vexations de la majorité musulmane, ils furent en pratique souvent opprimés. Concernant l'islam conquérant d'aujourd'hui, l'historien du droit et théologien Jacques Ellul a observé qu'il ne reconnaît pas de droits humains aux non-musulmans. Si bien qu'une société islamisée les enfermerait à nouveau dans la même condition de *dhimmis*[35]. Dans le meilleur des cas, car l'islam ne reconnaît traditionnellement la plénitude humaine qu'aux musulmans[36].

L'infériorité juridique de la femme résulte elle aussi de la *Charia* qui fait d'elle une éternelle mineure passant de la tutelle de sa famille à celle de son mari, lequel peut en outre à tout instant la répudier de manière unilatérale en vertu d'une décision discrétionnaire. S'ajoute à cela que, en matière pénale, le témoignage d'une femme ne vaut que la moitié de celui d'un homme.

Enfin les textes saints de l'islam cautionnent l'esclavage. Si bien que c'est en toute conformité à la loi divine que l'on peut aujourd'hui, pour l'équivalent de quelques dizaines d'euros, acheter une esclave chrétienne ou yazidie sur les marchés d'esclaves des territoires irakiens et syriens contrôlés par la puissante organisation politico-religieuse qui se désigne elle-même du nom d'État islamique.

Les discriminations inhérentes à l'islam sont sans commune mesure avec celles qui sont aujourd'hui si méticuleusement traquées au nom des droits de l'homme, et qui paraissent par comparaison infimes. Car non

---

35. Jacques ELLUL, *Islam et judéo-christianisme, op. cit.*, p. 104.
36. Philippe d'IRIBARNE, *op. cit,*. p. 133.

seulement l'islam refuse l'égalité civile et même pénale aux non-musulmans et aux femmes, mais encore il ignore cette forme minimale de l'égalité constituée par le caractère général de la condition d'homme libre au sein de la société.

## L'ÉTALAGE IDENTITAIRE MUSULMAN, TERREAU NOURRICIER DU DJIHADISME

C'est dans les quartiers des villes et banlieues européennes où s'affiche visuellement l'islam que sont formés dans l'hostilité à la civilisation occidentale des jeunes gens dont certains vont basculer dans l'action violente au nom du Coran.

Dans la guerre de civilisations qu'il mène contre l'Europe occidentale et dont les actuels dirigeants français de gauche ont bien tardé à reconnaître l'existence, l'islamisme compte sur l'appui des masses musulmanes présentes sur le sol européen. D'ailleurs, le califat autoproclamé d'Irak et de Syrie a lancé à l'automne de 2015 sur l'Europe des millions d'immigrants dans lesquels il voit, non sans raison, son arme de guerre la plus redoutable.

L'idée n'est pas nouvelle. Déjà en 2002, dans une déclaration à un quotidien arabe, l'imam d'origine syrienne Omar Bakri, interdit de séjour en Angleterre à la suite de l'attaque meurtrière sur New York du 11 septembre 2001, appelait les pays musulmans à lancer une invasion armée contre l'Occident afin d'en faire une terre musulmane (*Dar Al-Islam*). Il promettait à l'État islamique qui déclencherait la guerre qu'il pourrait compter que les musulmans présents en Europe seraient « son armée et ses soldats de l'intérieur[37] ».

L'actuelle guerre qui frappe l'Europe occidentale et tout spécialement la France n'est pas une guerre d'invasion classique par des troupes venues des pays musulmans, mais elle fait bel et bien appel à cette fameuse cinquième colonne – Christian Estrosi a eu le tort d'avoir raison trop tôt – recrutée au sein de la population formée par l'immigration musulmane. Les jeunes musulmans qui ont tué frénétiquement dans Paris le vendredi 13 novembre et à Bruxelles le mardi 22 mars pour le compte du califat, pour le compte de l'État islamique, n'étaient pas nés au Moyen-Orient, mais en France ou en Belgique où ils avaient été élevés et scolarisés comme enfants du pays d'accueil. Au lieu de quoi ils ont montré qu'ils se voulaient, contre celui-ci, les enfants et les soldats de l'islam.

Même si l'islam n'est pas nécessairement terroriste, et si bien des musulmans peuvent désapprouver ces massacres, le terrorisme des jeunes djihadistes nés et élevés en Europe n'en est pas moins un produit de la présence musulmane. Il est un produit de cette invasion silencieuse qui submerge des pans entiers du territoire européen. Il est un produit de la prise de contrôle par l'islam de zones où il se sent et se déclare chez lui – sur une terre musulmane où ont vocation à s'appliquer les règles juridiques de la *Charia* – et où il travaille à détruire la sécularisation de la société. Il est un produit de l'appropriation par la civilisation

---

37. Christopher CALDWELL, *Une révolution sous nos yeux, op. cit.*, p. 142.

arabo-musulmane de nombreuses villes et banlieues, desquelles la civilisation européenne est expulsée.

C'est l'expulsion de la France hors de nombreux secteurs de son territoire qui a rendu possible, dans ces secteurs, le développement d'un sentiment musulman anti-occidental dont la forme extrême est le djihadisme.

Or cette expulsion de la France s'est faite très largement grâce aux droits de l'homme. L'islam a profité d'eux à plein. C'est sur les droits de l'homme que se fondent les revendications vestimentaires, alimentaires et autres des musulmans, lesquelles relèvent toutes en réalité d'une prise de pouvoir de nature politique, d'un combat pour la conquête de territoires, pour la domination de secteurs de la société. C'est à cette domination que visent les mosquées ostentatoires, le foulard islamique (*hidjab*), le voile dissimulant le visage (*niqab, burqa*), l'exigence de menus *halal* dans les cantines et d'horaires réservés aux femmes dans les piscines, le refus de l'examen des femmes musulmanes par des médecins de sexe masculin. Ce sont là des armes au service d'une islamisation des pays européens.

L'affichage identitaire arabo-musulman est un drapeau autour duquel se rassemblent tous ceux qui se reconnaissent en lui et qui tendent à constituer, dans chaque pays européen, un contre-peuple en rivalité pour la possession du pays avec le peuple légitime.

L'islam combinant en lui le politique, le juridique et le religieux, toute concession faite à l'islam comme religion est aussi une concession faite à l'islam politique et juridique, ce qui contribue à transformer le pays concerné en une terre musulmane.

C'est une duperie que d'invoquer la liberté religieuse pour justifier le port du voile intégral. Les femmes qui l'affichent sur le mode de la provocation sont avant tout des militantes politiques de l'islamisation de la France, des combattantes au service de la domination de la civilisation arabo-musulmane. Et, à un niveau moins exalté, le port du simple foulard islamique qui inonde l'espace public et apporte à l'islam une immense visibilité, traduit un conflit civilisationnel avec les pays européens. Dissimulant la tête et le cou en ne laissant visible que le visage, ce foulard symbolise le rejet de la civilisation européenne. Gilles Kepel observe que la très forte incitation au port du *hidjab* à partir de 1989 a correspondu à la volonté des milieux islamiques et notamment de l'UOIF[38] de prise en main de « la jeunesse scolarisée née en France pour lui inculquer des principes musulmans intégraux destinés à la dissocier de l'éducation assimilatrice portée par l'école républicaine[39] ».

C'est dans ces morceaux de France chaque jour de moins en moins français où règne la civilisation musulmane que se recrutent les terroristes du *djihad* et leurs complices. Bannière ostentatoire de l'islam en Europe, le folklore identitaire arabo-musulman constitue du même coup le terreau où se nourrit l'extrémisme islamiste. Or tout cet

---

38. Union des organisations islamiques françaises, proche des Frères musulmans (voir note 5).
39. Gilles KEPEL, *Terreur dans l'hexagone, op. cit.*, p. 45.

étalage identitaire n'a pu se mettre en place et prospérer que grâce à la protection des droits de l'homme.

Tout ce désastre résulte de l'accumulation de nos démissions face à l'islam au nom des droits de l'homme. Mais comment a-t-on pu en arriver là? Eh bien parce que les droits de l'homme, inventés par l'Occident pour protéger ses citoyens contre les risques d'arbitraire du pouvoir, sont devenus depuis un demi-siècle une religion séculière suicidaire pour les Occidentaux.

# LA RELIGION SÉCULIÈRE
# DES DROITS DE L'HOMME

«La doctrine des droits de l'homme est la dernière en date de nos religions civiles», observait dès 1989 Régis Debray[40]. Le même constat sera effectué peu après par le célèbre historien François Furet: «Les droits de l'homme sont devenus notre religion civile[41].» La morale des droits de l'homme a revêtu les signes d'une religion d'État, a noté au même moment un juriste réputé, le doyen Jean Carbonnier[42]. «Les droits de l'homme sont devenus notre "dernière religion séculière"», dira pour sa part Élie Wiesel[43].

Du fait de la disposition religieuse de l'être humain, le recul des croyances et de la pratique religieuse chrétienne qu'a connu l'Europe occidentale n'a pas fait disparaître le sacré, mais a seulement entraîné son déplacement. Se trouvant

---

40. Régis Debray, *Que vive la République*, Paris, éd. Odile Jacob, 1989, p. 173.
41. François Furet, *Inventaires du communisme*, Paris, éd. EHESS, 2012, p. 68.
42. Jean Carbonnier, *Droit et passion du droit sous la Vᵉ République*, Paris, éd. Flammarion, 2010 [1996], p. 120.
43. Cité par Justine Lacroix, Jean-Yves Pranchère, *Le procès des droits de l'homme*, Paris, éd. du Seuil, 2016, p. 23.

disponible pour d'autres investissements, la propension à la religiosité de nombreux individus s'est largement reportée vers des formes sécularisées du sacré, sans que les intéressés soient toujours conscients de la nature religieuse de leur foi et de leur engagement[44]. C'est cette religiosité sécularisée qui alimente ce que l'on appelle les religions politiques[45] ou religions séculières[46], ou bien religions civiles. Ou encore, religions sans le dire[47].

Tous ces termes s'appliquent aux droits de l'homme qui, prenant la suite du communisme, sont aujourd'hui la grande forme religieuse sécularisée de l'Europe occidentale. Il existe désormais une véritable religion séculière des droits de l'homme, que l'on peut appeler aussi la religion humanitaire. Aussi bien les droits de l'homme comme religion ne sont-ils qu'un moment particulier, une forme parmi d'autres d'un phénomène beaucoup plus vaste et ancien, aux multiples facettes : la religion de l'humanité.

## *UN AVATAR DE LA RELIGION DE L'HUMANITÉ*

Née du retrait du divin, la religion de l'humanité a pour fondement l'historicisme, idéologie selon laquelle l'his-

---

44. Jules MONNEROT, *Sociologie du communisme*, Paris, éd. du Trident, 2004 [1949], p. 184. Marcel GAUCHET, dans *Le religieux après la religion*, Paris, éd. Grasset, 2004, p. 57, 58, 62.
45. Eric VOEGELIN, *Les religions politiques*, Paris, éd. du Cerf, 1994 [1938].
46. Raymond ARON, *L'âge des empires et l'avenir de la France*, Paris, éd. Défense de la France, 1945, p. 287-318.
47. Régis DEBRAY, *Le feu sacré*, Paris, éd. Fayard, 2003, p. 321.

toire est le cheminement de l'humanité vers une ère radieuse de bonheur éperdu. Bref, un salut collectif terrestre qui se substitue au projet de salut individuel céleste des chrétiens.

Caractérisant une grande partie de la philosophie allemande du XIXᵉ siècle, cette conception de l'histoire imprègne notamment le romantisme et la philosophie de Hegel. Elle inspire également la plupart des courants socialistes et plus généralement la pensée de gauche.

Le socialisme, observait Durkheim, «est tout entier orienté vers le futur[48]». Et, selon une formule déjà présente chez Zola, la gauche se considère comme le parti de demain. La gauche est animée par la croyance progressiste en l'existence d'un grand mécanisme historique providentiel et irrésistible conduisant le genre humain vers un avenir radieux[49].

Religion séculière, la religion de l'humanité a dans un premier temps revendiqué sa nature religieuse. Les doctrines socialistes de la première moitié du XIXᵉ siècle se sont souvent présentées comme les religions de l'avenir[50]. Plusieurs ont prétendu exprimer la vérité du message évangélique, tout en transposant son projet de salut du royaume des cieux au domaine terrestre. Affirmant être un prophète élu par Dieu pour faire de la terre un paradis, le comte de Saint-Simon a créé une religion politique censée être le vrai

---

48. Émile DURKHEIM, *Le socialisme*, édité par M. Mauss, Paris, Félix Alcan, 1928, p. 4.
49. Jean-Claude MICHÉA, *Les mystères de la gauche*, Paris, éd. Flammarion, 2014, p. 30-32.
50. Marc ANGENOT, *Les grands récits militants des XIXᵉ et XXᵉ siècles*, Paris, éd. de l'Harmattan, 2000, p. 22.

christianisme, réduit par lui au seul principe de fraternité, avec pour conséquence la collectivisation des moyens de production[51]. Créateur d'une religion de l'humanité constituant selon lui la vérité méconnue du christianisme, Pierre Leroux exposait que Dieu a été immanent à Jésus et qu'il est de même immanent à chaque homme. Cela veut dire que Dieu est contenu dans chaque homme. L'homme est Dieu et l'humanité est divine. Invitant ses lecteurs à croire en l'humanité et à son indéfinie perfectibilité, Leroux proclame sa certitude que le socialisme assurera la rédemption du genre humain[52]. De façon analogue, le socialisme était, selon Proudhon, la vérité du christianisme. Sa lecture personnelle de l'Évangile lui fait écrire en 1849 que l'homme est sacré en lui-même comme s'il était Dieu[53].

Se rattache à la religion de l'humanité cette religion républicaine instaurée sous le nom de laïcité par Ferdinand Buisson, maître d'œuvre de la construction de l'école laïque de la III$^e$ République. Voyant dans la déclaration des droits de l'homme du 26 août 1789 la transposition sociale de l'Évangile, la morale laïque de Ferdinand Buisson se voulait explicitement une religion civile se confondant plus ou moins avec le socialisme. Cette religion laïque visait

---

51. Henri de LUBAC, *La postérité spirituelle de Joachim de Flore*, Paris-Namur, éd. Lethielleux, 1979, II, p. 19-20.
52. *Ibid.*, II, p. 135, 137, 142, 143, 157.
53. Jean-Louis CLÉMENT, « Le catholicisme… », *Commentaire*, n° 123, printemps 2011, p. 123-124.

à instaurer le paradis sur la terre grâce à une rédemption collective assurant le salut de la société et non de l'individu[54].

Avec Marx, la religion de l'humanité veut ignorer sa nature religieuse et la nie de manière arrogante. Pourtant, derrière sa façade scientifique, la pensée de Marx était fondamentalement religieuse. On sait ce qu'elle doit à l'ouvrier tailleur Wilhelm Weitling, prophète d'une révolution prolétarienne devant instaurer de manière brutale et dictatoriale une société communiste présentée comme la vérité du christianisme. Trop près de l'événement, Jésus n'avait pas saisi toutes les implications de sa jeune doctrine. Weitling prétend apporter la vraie révélation chrétienne : le royaume de Dieu sera un paradis communiste réalisé sur terre. Et cet âge d'or sera instauré par les prolétaires. Le jeune Marx a eu beaucoup d'admiration pour Weitling, dont il a qualifié les œuvres de géniales. Même s'il rompt avec lui en 1846 et le tourne alors en dérision, il a été très fortement marqué par Weitling[55].

Aussi Ernst Benz observait-il en 1931 que chez Marx, en dépit de la sécularisation et malgré les matériaux purement économiques et matérialistes de sa théorie sociale, restent vivaces des éléments fort anciens à caractère religieux[56]. La pensée de Marx n'a jamais quitté cette religiosité révolution-

---

54. Vincent PEILLON, *Une religion pour la République*, Paris, éd. du Seuil, 2008, p. 125, 141, 232, 248.
55. Henri de LUBAC, *La postérité spirituelle de Joachim de Flore, op. cit.*, II, p. 339-341.
56. Ernst BENZ, cité par H. de LUBAC, *ibid.*, II, p. 359.

naire dont il s'était imprégné par ses lectures de jeunesse[57]. Et, au temps de sa plus grande puissance, le communisme a prétendu offrir à l'humanité, « à l'horizon, le royaume de Dieu sur la terre[58] ».

Dans les ultimes décennies du XXe siècle, la religion communiste va céder la place à la religion humanitaire comme projet universel de salut terrestre. L'Europe de la seconde moitié du XXe siècle avait rendu aux droits de l'homme un véritable culte, mais celui-ci a pris « un tour presque fanatique » à partir de la fin des années 1980[59]. C'est-à-dire au moment où s'est effondrée l'Union soviétique.

La religion des droits de l'homme est aujourd'hui la version la plus répandue de la religion de l'humanité. Comme l'observe François Furet, les droits de l'homme érigés en religion ont « remplacé la lutte des classes, mais au service d'un objectif identique, qui est l'émancipation de l'humanité[60] ». Ce sont les droits de l'homme qui sont désormais en charge de la promesse du royaume de Dieu sur la terre, en charge du projet d'une humanité réconciliée grâce à l'instauration d'une société parfaite. Les droits de l'homme ont remplacé le communisme comme boussole indiquant le sens de l'histoire, comme moteur de la grande

---

57. Norman COHN, *The pursuit of the Millenium*, Londres, Pimlico, 2004 [1957], p. 287.

58. Raymond ARON, *Polémiques*, Paris, éd. Gallimard, 1955, p. 95-96.

59. Jean CARBONNIER, *Droit et passion du droit sous la Ve République*, *op. cit.*, p. 120.

60. François FURET, *Inventaires du communisme*, *op. cit.*, p. 68, 89, 90. Le fait que l'idéal démiurgique d'émancipation des droits de l'homme se trouve en « continuité avec les idéaux du communisme » est également souligné par Chantal DELSOL dans *La haine du monde*, Paris, éd. du Cerf, 2016, notamment p. 165.

machinerie historique providentielle devant conduire l'humanité vers la terre promise de l'avenir radieux.

C'est que, tout comme le communisme et les autres avatars de la religion de l'humanité, l'actuelle religion politique des droits de l'homme est à la fois un millénarisme et une gnose.

## RACINES GNOSTIQUES ET MILLÉNARISTES DE LA RELIGION DE L'HUMANITÉ

Dominée par la religion des droits de l'homme, cette religion séculière oppressive prétendant au monopole du bien, notre temps est un temps post-chrétien. Certes, bien des aspects de la religion humanitaire semblent être des éléments chrétiens arrachés à leur assise religieuse chrétienne et auxquels est donné un sens différent[61]. Mais, en y regardant de plus près, ces éléments ne sont d'origine chrétienne qu'en apparence. Ils sont issus d'un christianisme dès l'origine falsifié.

À propos des idéologies du XXe siècle, et notamment du socialisme et du communisme, l'écrivain anglais Gilbert Keith Chesterton a parlé d'idées chrétiennes devenues folles. Et le propos a été repris par Georges Bernanos. Mais cette célèbre formule n'est pas tout à fait exacte. Ces idées sont assurément folles, mais elles n'ont jamais été vraiment chrétiennes. Elles ont seulement paru l'être. Les idées fonda-

---

61. Alain Besançon, « La religion en Amérique », *Commentaire*, n° 141, printemps 2013, p. 117.

trices de la religion de l'humanité n'ont été que faussement chrétiennes. La véritable source de ces idées n'est pas dans le christianisme. Elles proviennent de deux grandes falsifications du christianisme : la gnose et le millénarisme[62].

## La gnose

La première grande source de la religion de l'humanité est la gnose, ensemble de doctrines religieuses ésotériques de salut enseignées par diverses sectes au cours des premiers siècles de l'ère chrétienne[63]. De la gnose, la religion de l'humanité a notamment repris le thème de l'homme-Dieu. Créateur malencontreux de la matière – laquelle est le mal –, la divinité inférieure que la Bible appelle Yahvé y a monstrueusement enfermé des fragments de la divinité suprême. Ces étincelles divines – les âmes – aspirent à rejoindre le ciel pour y être réabsorbées en Dieu. Portant en lui une âme céleste de nature divine, le gnostique – ou spirituel – partage la nature de Dieu : il est un homme-Dieu. En conséquence, il est au-dessus des lois et de la

---

62. Sur l'importance de la gnose et du millénarisme comme sources de la religion de l'humanité : Jean-Louis HAROUEL, « Les racines mentales de la gauche », *Mélanges en l'honneur du Doyen Jean-Pierre Machelon*, Paris, éd. Dalloz, 2015, p. 441-453. Pour autant, il existe aussi une certaine postérité de droite de la gnose, où figurent par exemple Joseph de Maistre et Balzac.

63. Henri-Charles PUECH, *En quête de la gnose*, Paris, éd. Gallimard, 1978. Serge HUTIN, *Les gnostiques*, Paris, PUF, 1959. Jacques LACARRIÈRE, *Les gnostiques*, Paris, PUF, 1973. Michel ONFRAY, *Le christianisme hédoniste*, Paris, éd. Grasset, 2006. Étienne COUVERT, *De la gnose à l'œcuménisme*, éd. de Chiré, 1989. Raoul VANEIGEM, *Les hérésies*, Paris, PUF, 1994. Roland HUREAUX, *Gnose et gnostiques : des origines à nos jours*, Paris, éd. DDB, 2015.

morale ordinaire, celle que prône le Décalogue. Ne pas tuer, ne pas voler, ne pas convoiter la femme d'autrui, tout cela ne concerne pas les gnostiques.

Affirmant que le message véritable et caché de Jésus – lequel n'a pas eu de corps humain et dont un sosie a été crucifié – avait été de révéler aux hommes leur divinité, la gnose répudie tout ce qui vient de la Bible, tout ce qui correspond à l'origine juive du christianisme. Leur rejet de la Bible détruit chez les gnostiques le sens de la famille, de la patrie, de l'ordre social. Et son horreur de la matière, réputée mauvaise, conduit la gnose à condamner la procréation, le mariage, la propriété ainsi que l'ensemble des règles régissant la vie en société. D'ailleurs, un être de nature divine n'a à se soumettre à aucune autorité, à aucune règle. Du fait de son rejet des règles sociales et juridiques – de son antinomisme –, la gnose est porteuse d'une immense charge subversive.

En dépit des persécutions ayant frappé les grandes poussées gnostiques, la gnose va poursuivre subrepticement son chemin dans la chrétienté médiévale et moderne, et jusqu'à notre époque. Elle a parasité la religion chrétienne, se coulant dans son vocabulaire et dans ses schémas théologiques, mais leur donnant insidieusement un sens entièrement différent, conforme aux croyances gnostiques. La gnose a ainsi travaillé à subvertir le christianisme de l'intérieur en affectant d'en être la forme spirituellement la plus élevée[64].

---

64. Alain BESANÇON, *Les origines intellectuelles du léninisme*, Paris, éd. Calmann-Lévy, 1977, p. 20-21.

## Le millénarisme

L'autre grande source de la religion de l'humanité est le millénarisme, d'où vient l'idée du paradis sur la terre, de l'avenir radieux. Le millénarisme est lui aussi une falsification du christianisme, puisqu'il méconnaît le caractère spirituel du message christique en s'inscrivant dans la continuité de la promesse messianique terrestre des prophètes. Contredisant la transformation radicale que Jésus a apportée au messianisme juif en déplaçant vers les cieux la promesse terrestre du royaume de Dieu, le millénarisme annonce qu'avant la fin des temps Jésus va revenir sur la terre pour y établir un royaume de bonheur absolu où l'abondance sera miraculeuse. Ce royaume va durer mille ans, et les saints y régneront avec le Christ. Donc, un salut non pas individuel et céleste comme l'avait annoncé l'Évangile, mais collectif et terrestre[65].

Désavoué par l'Église à partir du Vᵉ siècle, le millénarisme va néanmoins poursuivre souterrainement son cours en donnant épisodiquement lieu à des phénomènes révolutionnaires violents. Car le royaume terrestre de Dieu va être de plus en plus conçu comme un paradis où régnerait l'égalité la plus parfaite grâce au communisme, ce qui ne serait d'ailleurs que le retour au paradis des origines, fantasmé comme un âge d'or où l'humanité primitive aurait vécu dans le communisme et l'abondance. D'où l'idée, afin de hâter le retour du Christ et son règne de mille ans, de lui préparer

---

65. Norman COHN, *The pursuit of the Millenium, op. cit.* Jean DELUMEAU, *Mille ans de bonheur*, Paris, éd. Fayard, 1995.

le terrain par l'instauration dès à présent d'une société communiste, en éliminant ceux qui y feraient obstacle, à commencer par les riches et les puissants. Bref, pour inciter Dieu à venir régner sur la terre, il faut commencer par faire la révolution.

On retrouve dans le millénarisme le même mépris que celui des gnostiques pour la justice et la morale des gens ordinaires, telles que les fonde le Décalogue. Les révolutionnaires millénaristes en sont dispensés par leur sacralité. Ils préparent la venue du Christ et vont régner avec lui. Ils sont un peuple saint, l'armée des saints. La grâce de Dieu est sur eux, Dieu est en eux. Comme les gnostiques, ils sont divins. En conséquence, tout leur est permis. Tout ce qu'ils font est saint. Le mal ne saurait être en eux.

## L'IDÉE GNOSTICO-MILLÉNARISTE D'EXTÉRIORITÉ DU MAL

Par-delà tout ce qui les oppose, le millénarisme et la gnose ont un point commun très important, qui est le refus de considérer que le mal peut résider en l'homme, ainsi que l'enseignent le judaïsme et le christianisme.

Pour les gnostiques, le mal résulte exclusivement de l'enfermement de parcelles de l'esprit divin dans la matière et dans le temps, et par voie de conséquence de la formation des sociétés humaines et des règles qui les régissent. Le responsable du mal est le démiurge Yahvé, créateur d'un monde terrestre calamiteux. Dans cette affaire, l'homme n'est qu'une victime. Il est innocent du mal qu'il peut faire.

Ayant fréquenté pendant neuf ans des cercles manichéens – nom que se donnaient alors les gnostiques –, saint Augustin rapporte qu'ils enseignaient que « le péché n'est pas notre fait, mais l'œuvre en nous de je ne sais quelle substance étrangère ». Si bien que l'individu peut tout se permettre, tout en se trouvant « hors de faute ». Il n'est pas responsable puisqu'il est agi par une force qui le domine. Situation infiniment confortable, quand on a « fait quelque chose de mal », que de ne pas avoir à se dire qu'on en est l'auteur[66].

C'est l'idéologie selon laquelle le fautif est en réalité une victime. Cela annonce ce que l'on appelle aujourd'hui – avec une terminologie d'ailleurs défectueuse – la « culture » de l'excuse.

Or on trouve la même idée d'extériorité du mal par rapport à l'homme dans le millénarisme révolutionnaire. Celui-ci véhiculait des dogmes annonciateurs du socialisme : l'inégalité comme origine du mal, le communisme comme remède. Prétendant rétablir l'égalité naturelle primitive et le communisme des origines, le millénarisme médiéval et moderne reposait sur la certitude que l'origine du mal se trouvait non pas dans l'homme comme l'enseignait la religion chrétienne, mais dans la mauvaise organisation de la société. D'un point de vue millénariste, la source du mal résidait dans l'inégalité, dans l'exploitation, dans la domination. Tout cela supprimé, le mal allait disparaître.

---

66. Saint AUGUSTIN, *Les Confessions*, V.

Pour les millénaristes révolutionnaires, la seule bonne forme d'organisation sociale était celle fondée sur une complète égalité des conditions et sur l'abolition de la propriété privée remplacée par la mise en commun de toute chose. Il n'y aurait plus ni monnaie, ni salariat, ni contrats – autant de péchés contre l'amour –, mais une société rigoureusement égalitaire et communautaire où chacun recevrait selon ses besoins. Tel était le modèle de la société future destinée à se mettre en place avec l'avènement du royaume de Dieu sur la terre.

Il en résultait la conviction que la violence instauratrice de l'égalité et du communisme par la révolte contre les puissants et la spoliation des riches allait apporter définitivement aux pauvres le bien-être, la richesse collective et le pouvoir.

## L'ASSOCIATION DU MILLÉNARISME ET DE LA GNOSE

Au départ, le millénarisme – promesse très matérielle d'un paradis sur la terre – apparaissait comme la complète antithèse de la gnose, marquée par la haine de la matière. Pourtant, les points de contact entre eux se sont multipliés. Rejoignant la vieille prédication communiste de nombreuses sectes gnostiques, la transformation du millénarisme en un projet révolutionnaire a entraîné son association avec la gnose. C'est à la fin du XIIᵉ siècle, avec Joachim de Flore, qu'auront lieu pleinement les noces du millénarisme et de la gnose. Cela n'empêchera pas, au demeurant, millénarisme et gnose de continuer à suivre leur logique propre, avec toutefois de nombreuses hybridations.

L'abbé de Flore annonce, après le règne révolu du Père (temps de la peur et de la soumission servile), puis le règne du Fils (temps de la foi et de l'obéissance filiale) qui est en train de s'achever, l'avènement d'un troisième et dernier règne – celui de l'Esprit – qui sera le temps de l'amour et de la liberté.

La prophétie de Joachim de Flore est un millénarisme puisqu'il annonce, en vertu d'une mécanique de l'histoire au déroulement programmé par Dieu, l'établissement d'un règne divin qui sera le paradis sur la terre. Avec ce millénarisme obéissant à une dynamique progressiste continue, la certitude du progrès humain devient le sens de l'histoire.

La glorification du millénarisme par l'abbé de Flore oppose un démenti cinglant à sa condamnation par l'Église : Dieu a décidé qu'il y aurait en ce bas monde une ère de bonheur absolu, il a décidé que l'humanité marchait vers un avenir radieux en vertu d'un déterminisme historique remplaçant l'espérance du royaume céleste par la recherche terrestre de ce que l'on appellera bientôt l'utopie. Et comme le passage au troisième âge – au règne de l'Esprit – sera précédé de grandes convulsions sociales, cela légitime par avance les violences de ceux qui prétendront instaurer le royaume de Dieu sur la terre sous la forme d'une société communiste.

Quant à la glorification de la gnose, elle était tout aussi manifeste. Joachim annonce l'avènement d'une humanité hautement spiritualisée, en communication directe avec Dieu, se fondant en lui sous l'effet de l'Esprit. De là, on peut glisser aisément vers l'identification au divin, vers la croyance à une identité entre Dieu et l'homme, vers la vieille idée gnostique de l'Homme-Dieu, avec pour conséquence l'abolition de toute soumission ou obéissance annoncée par Joachim. Le dernier âge sera celui de la liberté : l'Homme-Dieu ne saurait devoir obéissance à quiconque.

Au total, le gnosticisme millénariste de Joachim de Flore légitimait aussi bien la révolution millénariste prétendant établir le paradis sur la terre que l'orgueilleux projet de l'Homme-Dieu porté par la gnose depuis l'Antiquité. Son message va inspirer aussi bien de grandes explosions révolutionnaires millénaristes visant à instaurer le paradis communiste de l'avenir et produisant en fait un petit enfer (révolte de Dolcino de Novare, taborites de Bohême, guerre des paysans de Thomas Müntzer, anabaptistes de Münster, etc.) qu'un gnosticisme préfigurateur du gauchisme comme le mouvement du libre-esprit, ou encore qu'une gnose millénariste mystique comme celle de Jakob Böhme qui au tournant des XVI$^e$ et XVII$^e$ siècles annoncera lui aussi la venue d'un dernier âge – le temps des lys – marqué par l'avènement d'un homme nouveau, d'un Homme-Dieu.

Sur le long terme, la postérité intellectuelle de Joachim de Flore fut immense. Son système mécaniste de l'histoire aura une influence inégalée en Europe jusqu'à l'irruption du marxisme, lequel fut d'ailleurs, à bien des égards, tributaire du joachimisme. Selon le grand anthropologue Louis

Dumont, la prophétie de l'abbé de Flore fut le point de départ de l'histoire de l'égalitarisme occidental[67].

Dérivent de Joachim de Flore deux principaux courants, l'un d'esprit millénariste, visant à une transformation radicale de la société; et l'autre d'esprit gnostique, porteur d'une subversion des règles morales et sociales. Ces deux courants, « restant disjoints ou se rejoignant en des combinaisons diverses, engendreront en se sécularisant diverses philosophies de l'histoire et diverses théories sociales d'allure plus ou moins révolutionnaire[68] ».

On est ainsi passé d'un gnosticisme millénariste se réclamant du divin à une nouvelle version de la même pensée ne se réclamant plus que de l'humain. Ce n'est plus le royaume de Dieu sur terre comme dans les vieux millénarismes religieux, c'est le royaume de l'humanité divinisée. Du fait de la sécularisation du millénarisme, la sociologie utilise cette notion dans une acception large, dépassant la promesse du règne divin de mille ans. D'un point de vue sociologique, on peut définir le millénarisme – terme d'ailleurs à peu près interchangeable avec celui de messianisme – comme la croyance en une rédemption collective terrestre instauratrice d'un monde parfait[69].

---

67. Louis Dumont, *Essais sur l'individualisme*, Paris, éd. du Seuil, 1983.
68. Henri de Lubac, *La postérité spirituelle de Joachim de Flore, op. cit.*, I, p. 228-229.
69. Jean Baechler, *Les phénomènes révolutionnaires*, Paris, éd. de la Table ronde, 2006 [1970], p. 104-105.

## LA SÉCULARISATION DU MILLÉNARISME ET DE LA GNOSE

C'est de ce processus de sécularisation qu'est née la religion de l'humanité. Elle va notamment prendre la forme des religions politiques – ou séculières – ayant pour objet un grand programme de salut collectif. Revendiquant leur nature religieuse, les doctrines socialistes de la première moitié du XIX<sup>e</sup> siècle étaient des avatars du millénarisme, dans lesquels l'idée du caractère sacré de l'humanité provenait de la gnose. La dimension gnostique des socialismes a été remarquablement mise en évidence par Philippe Muray qui définit le socialisme comme « la religion occulto-socialiste », c'est-à-dire « un rêve mystique d'autre monde, une manière d'occultisme incapable de réfléchir à sa propre fondation[70] ».

L'idée même de religion de l'humanité est de nature gnostique. Ainsi, Pierre Leroux reprend de la gnose le thème de la divinité de l'homme et l'associe au thème millénariste de l'avenir radieux par le socialisme. Et quand Proudhon affirme le caractère sacré de l'homme à l'instar de Dieu, c'est toujours la vieille idée de l'homme-Dieu, venue de la gnose antique et transmise par Joachim de Flore, le libre-esprit, Böhme et tant d'autres.

Annonçant la délivrance du mal et fournissant une technique de rédemption du genre humain, les religions politiques sont à la fois des millénarismes et des gnoses. Elles sont la « connaissance d'un pouvoir magico-

---

70. Philippe Muray, *Le XIX<sup>e</sup> siècle à travers les âges*, Paris, éd. Gallimard, 1999 [1984], p. II, 130.

providentiel promettant la destruction du monde présent inique et corrompu, et la naissance d'un monde nouveau, purifié, qui reflétera l'Ordre éternel des choses[71] ».

Selon Eric Voegelin, les religions politiques se ramènent à deux formes de foi : « La foi en l'homme comme source du Bien et du perfectionnement du monde » d'une part ; et d'autre part « la foi en un collectif comme substance secrètement divine[72] ». Le monde peut devenir un paradis et l'humanité est divine[73]. C'est toujours la même symbiose du millénarisme et de la gnose.

Cette symbiose est particulièrement bien illustrée par le communisme. Celui-ci est d'évidence un millénarisme. Inspirateur du jeune Marx, Weitling fut l'apôtre d'un millénarisme religieux et violent s'inscrivant explicitement dans la ligne des taborites, de Thomas Müntzer et des anabaptistes de Münster. Marx a repris de Weitling le rôle messianique du prolétariat en charge d'établir un monde parfait, la destruction de l'ordre existant par la révolution prolétarienne, la dictature du prolétariat pour l'instauration d'une société communiste, le caractère inéluctable du processus révolutionnaire conduisant à l'avènement de la société sans classes. Tout cela vient des vieux millénarismes religieux, mais aussi de la gnose. Car le communisme est également un gnosticisme. C'est de la gnose que provient notamment la croyance marxiste puis léniniste en une mécanique histo-

---

71. Marc ANGENOT, *Les grands récits militants des XIXᵉ et XXᵉ siècles, op. cit.*, p. 201-202.

72. Eric VOEGELIN, *Les religions politiques, op. cit.*, p. 85, 93, 109.

73. Dans la religion politique nationale-socialiste, c'est le peuple allemand qui est substance divine.

riciste inexorable censée conduire au paradis de la société sans classes en broyant tous ceux qui ont eu le malheur de se trouver sur son chemin.

## LA MÉCANIQUE HISTORICISTE INEXORABLE DES RELIGIONS SÉCULIÈRES

Construite sur l'affrontement de deux principes antagonistes – le principe bon (le communisme) et le principe mauvais (la propriété privée des moyens de production) –, la vision communiste de l'histoire se déroule en trois temps qui se succèdent à la manière inéluctable du fonctionnement d'un mécanisme. Le temps premier fut l'époque heureuse du communisme originel. Le dernier temps sera celui de l'avenir radieux grâce au retour du communisme. Et le temps intermédiaire – celui d'aujourd'hui – est le temps de la lutte entre les deux principes ennemis, entre l'ordre socio-économique bourgeois et le communisme.

En vertu de cette vision mécaniste fondée sur la certitude d'un sens de l'histoire, le triomphe final du communisme – le principe bon – est une fatalité historique que rien ne pourra empêcher d'advenir. On peut simplement hâter ou retarder les choses. Dans ces conditions, les notions habituelles de bien et de mal – ne pas tuer, ne pas voler, ne pas commettre d'adultère – sont rejetées comme sans valeur. Le mal, c'est tout ce qui fait obstacle à la révolution salvatrice. Le bien, c'est tout ce qui travaille à la faire arriver, et tous les moyens utilisés par les révolutionnaires sont bons par définition[74].

Les origines de ce *credo* mécaniste et de son imperméabilité aux exigences de la morale commune doivent être recherchées du côté de la gnose. Celle-ci reposait en effet sur l'antithèse du bien et du mal – lumières contre ténèbres, esprit contre matière – et sur un schéma historique ternaire. À l'origine, les deux principes antagonistes du bien et du mal étaient bienheureusement séparés. Puis, dans un second âge qui dure malheureusement encore, ils ont été accidentellement et malencontreusement mêlés. Des éléments du bien – les divines parcelles de lumière que sont les âmes – sont emprisonnés dans la matière, le temps, la différence sexuelle, l'ordre des sociétés humaines (mariage, famille, propriété, etc.) qui sont des formes du mal. Cette confusion perverse dure encore, mais interviendra heureusement un troisième âge où se réalisera le salut, par le retour à la sainte dissociation primitive du bien et du mal. Ce sera la rédemption du monde ainsi que de l'homme qui, grâce à la réabsorption de son âme en Dieu, réintégrera sa condition supra matérielle et supra temporelle.

La gnose révèle l'existence de cette mécanique au déroulement inéluctable, et elle indique au croyant les moyens de contribuer par son comportement au déroulement du processus cosmique de salut, dans lequel le salut de chaque homme est aussi le salut du monde. Du point de vue gnostique, la conception habituelle du bien et du mal, du juste et de l'injuste n'a aucune valeur. Est injuste et

---

74. Alain BESANÇON, *Le malheur du siècle*, Paris, éd. Perrin, 2005, p. 57.

mauvais tout ce qui entrave la mécanique salvatrice destinée à permettre la remontée au ciel de toutes les parcelles de lumière exilées sur la terre. Est juste et bon tout ce qui la favorise. Et les moyens employés pour cela sont forcément bons[75].

La gnose a grandement contribué à la croyance dans le troisième âge radieux de la rédemption, à l'avènement duquel le croyant devait contribuer en faisant fi des règles de la morale ordinaire. De ce fait, la gnose a joué un rôle décisif dans la transmission à travers les siècles de l'esprit millénariste.

Dans sa version médiévale et moderne, le millénarisme rejoint le schéma temporel ternaire du processus de salut de la gnose. Au commencement était le paradis égalitaire ou communiste des origines, qu'évoque le fameux slogan des *lollards*, ces paysans anglais révoltés de la seconde moitié du XIVᵉ siècle : « Quand Adam bêchait la terre et qu'Ève filait la laine, où était le gentilhomme ? » C'était le temps du bien. Lui a succédé un second âge qui est le temps du mal. Et cela à cause de l'instauration de la propriété privée, de l'inégalité sociale, du droit et des relations monétaires, toutes choses génératrices des souffrances de l'humanité. Mais va heureusement advenir un troisième et dernier âge où se réalisera le salut, par le retour du saint communisme primitif voulu par l'amour divin. Et ce sera à nouveau le paradis sur la terre, la rédemption de l'humanité.

En se trouvant déplacé par le millénarisme du niveau cosmique au niveau terrestre, le grand processus gnostique

---

75. Alain Besançon, *Les origines intellectuelles du léninisme, op. cit.*, p. 16-19.

de salut devient le sens de l'histoire des hommes. Et ce prétendu sens de l'histoire est réputé conduire à la révolution finale, laquelle est censée ramener, comme on le sait, le communisme des origines.

D'où la fatalité historique de la violence révolutionnaire. John Ball, l'un des prédicateurs de la grande révolte paysanne anglaise de 1381, proclamait que, pour que les choses puissent enfin aller bien en Angleterre grâce à la mise en commun de tout, il fallait que les nobles, les juges et les gens de loi eussent été préalablement exterminés.

Dans le millénarisme révolutionnaire comme dans la gnose, le juste en soi n'existe pas. Est bon, je le rappelle, tout ce qui va dans le sens de la mécanique salvatrice du retour au communisme. Est mauvais ce qui y fait obstacle. On retrouve le même mépris que celui des gnostiques pour la justice et la morale des gens ordinaires. Au regard de la morale commune, le millénarisme révolutionnaire – qu'il se réclame de Dieu ou de l'humanité – exige de ses sectateurs un total amoralisme.

Dans toutes les formes de gnose millénariste, l'inexorable machinerie historiciste ne laisse aucune place aux règles de la justice et de la morale instaurées par le Décalogue. En 1944, quand il constate que le socialisme « est religion » et qu'il forge le terme de religions séculières, Raymond Aron observe que celles-ci « fixent le but dernier, quasiment sacré, par rapport auquel se définissent le bien et le mal ». Ces « religions de salut collectif » ne « connaissent rien – pas même les dix commandements, pas même les règles du catéchisme ou d'une morale formelle – qui soit supérieur, en dignité ou en autorité, à l'objectif de leur mouvement». Ne compte que l'utilité par rapport à ce but. Tous les moyens – «si horribles soient-ils» – doivent être mis en œuvre sans état d'âme par le zélateur d'une religion séculière, dès lors que ces moyens sont réputés favoriser la réalisation de l'objectif du mouvement. Se réclamant d'une «sanctification par le but», les religions séculières s'autorisent un «impitoyable machiavélisme[76]».

Malheur à ceux qui se trouvent en travers du sens de l'histoire! Il y a une structure mentale propre aux gnoses millénaristes qui légitime l'élimination de tout ce qui est réputé faire obstacle à l'avènement du paradis sur la terre. Or cette structure mentale est présente dans la religion humanitaire – c'est-à-dire les droits de l'homme comme religion.

## LES DROITS DE L'HOMME, RELIGION MORTELLE AUX EUROPÉENS

Partageant la nature gnostico-millénariste des grands totalitarismes, la religion séculière des droits de l'homme partage aussi leur dangerosité. Qu'il s'agisse du communisme ou du nazisme, les grandes religions séculières ont broyé impitoyablement tous ceux dont la présence gênait leur grand œuvre d'instauration de ce qu'elles considéraient comme le bien sur la terre : la fabrication d'une société parfaite au regard de leurs critères. Approchant les cent millions de victimes, le communisme a éliminé physiquement des

---

76. Raymond ARON, *L'âge des empires et l'avenir de la France*, *op. cit.*, p. 288-289.

catégories sociales entières, qu'il s'agisse des élites tradition-
nelles, de la bourgeoisie, de la paysannerie aisée. C'est au
nom de leur appartenance à un peuple que furent désignées
d'autres victimes promises à l'extermination : peuple juif
par le nazisme, peuple cosaque par le communisme soviétique. Tous se trouvèrent broyés par la mécanique historiciste impitoyable des grands totalitarismes.

Or, les droits de l'homme sont la religion séculière qui a
pris le relais de la religion séculière communiste. Les droits
de l'homme ont pris la suite du communisme comme projet
universel de salut, comme promesse de règne du bien sur la
terre. Et comme la religion politique des droits de l'homme
est elle aussi à la fois un millénarisme et une gnose, elle est
porteuse, tout comme le communisme, d'une mécanique
historiciste ayant pour effet de détruire ceux qui auront la
malchance d'être un obstacle à sa marche inexorable.

Certes, la religion humanitaire semble, par définition,
l'antithèse de toute possible nocivité, tant son objet semble
vertueux. Mais il ne faut pas oublier que le communisme
avait su détourner les mots de l'ancienne morale – tels que
justice, bonté, humanité, égalité, liberté – pour habiller
vertueusement l'amoralisme absolu que le révolutionnaire
se doit de pratiquer au service de la cause[77]. D'ailleurs,
Raymond Aron avait observé que le régime soviétique
résultait d'un idéal humanitaire, de la volonté de créer « le
premier régime où tous les hommes pourraient accéder à

---

77. Alain Besançon, *Le malheur du siècle, op. cit.*, p. 57.

l'humanité[78] », avec pour effet de créer l'enfer que l'on sait pour des millions de victimes.

C'est le même objectif que poursuit la religion humanitaire, mais au niveau universel. Le millénarisme des droits de l'homme prend le relais du millénarisme communiste, à ce changement près que la promesse de perfection sociale ne réclame plus la suppression de toute propriété, mais la négation de toute différence entre les humains. Au nom de l'humanité divinisée, les droits de l'homme érigés en religion séculière visent à la régénération des hommes par l'instauration sur terre du bien absolu, conçu comme la mise en œuvre d'une idéologie de l'identité entre tous les humains. Avec pour corollaire un total cosmopolitisme.

D'évidence, les peuples d'Europe occidentale sont les victimes désignées de la mécanique historiciste de la religion des droits de l'homme. La disparition de ces peuples qui se sont dotés de longue date d'un haut niveau de savoir et de développement économique et social constitue pour le millénarisme humanitaire l'équivalent de ce que fut pour le millénarisme communiste son obsession de détruire la bourgeoisie.

La religion séculière des droits de l'homme prolonge la religion séculière communiste dans sa détestation obsessionnelle des sociétés occidentales, de ce qui reste encore de leur ordre social, de ce qui demeure de culture et de savoir-vivre dans leurs classes supérieures et moyennes ainsi que de bon sens dans leurs classes populaires, de ce qu'elles ont conservé d'opulence ou du moins d'aisance matérielle,

---

78. Raymond ARON, *Démocratie et totalitarisme*, Paris, éd. Gallimard, 1965, p. 302.

de ce qui subsiste encore dans ces pays d'attachement à leur histoire, à leurs traditions, à leur passé, à leur roman national.

Rien d'étonnant si bien des militants révolutionnaires européens, rendus orphelins du communisme par la disparition de l'Union soviétique, se sont reconvertis dans le millénarisme des droits de l'homme qui, tout comme le faisait le communisme, leur procure l'espoir de la destruction d'un Occident corrompu, censée permettre la réconciliation de l'humanité avec elle-même et l'avènement d'un homme nouveau. C'est ainsi que la cause des droits de l'homme est devenue, du jour au lendemain, le fief des « plus intransigeants défenseurs de la dictature du prolétariat[79] ». Avec clairvoyance, Marcel Gauchet a signalé, dès le début des années 1980, le mouvement qui portait « intellectuels et jeunes ex-militants » à « se rabattre » sur la lutte pour les droits de l'homme[80].

Naguère condamnée par le millénarisme communiste parce que réputée bourgeoise et oppressive du prolétariat, la civilisation de l'Europe occidentale est aujourd'hui condamnée par le millénarisme des droits de l'homme parce que sa population est blanche et qu'est perçu comme une injustice son niveau de vie envié par l'Afrique et le Moyen Orient. L'îlot de différence jalousée qu'est l'Europe occidentale se trouve mortellement menacé par la religion

---

79. Marcel GAUCHET, « Les droits de l'homme sont devenus une politique », *Le Débat*, 2000/3, n° 110, p. 259.
80. Marcel GAUCHET, « Les droits de l'homme ne sont pas une politique », *Le Débat*, 1980/3, n° 3, p. 6.

des droits de l'homme, car son existence contrevient au dogme qui sous-tend cette religion : le mêmisme.

## *LE SOCLE DE LA RELIGION HUMANITAIRE : UN MÊMISME D'ORIGINE GNOSTIQUE*

Je désigne du nom de mêmisme une idéologie de l'indifférenciation et de l'identité entre tous les humains, idéologie qui leur crée le devoir de faire abstraction de tout ce qui les distingue les uns des autres, de ne surtout pas le dire et de ne même pas s'en apercevoir. C'est le dogme du « tous pareils », l'obligation de voir dans l'autre rigoureusement le même que soi[81].

Le mêmisme va bien au-delà de l'idée que l'on doit reconnaître et respecter l'humanité en chaque homme. Il exige que l'on proclame – contre l'évidence – la parfaite identité de tous les hommes. Le mêmisme, c'est le dogme de l'interchangeabilité de tous les humains.

Or on trouve une préfiguration caractérisée du mêmisme dans la gnose, conséquence du dogme de l'homme-Dieu. Selon elle, le message que la divinité destine aux hommes est : « Je suis identique à toi et tu es identique à moi[82]. » Pour la gnose, il y a une identité parfaite entre Dieu et l'homme pourvu d'une âme de lumière, lequel est de ce fait de même

---

81. « Nous sommes requis de *voir l'autre comme le même* », souligne Pierre MANENT dans *La raison des nations*, Paris, éd. Gallimard, 2004, p. 84. Il y a là une « réduction de l'égalité à la *Mêmeté* », observe Alain de BENOIST dans *Les démons du bien*, Paris, P.-G. de Roux, 2013, p. 67.
82. *Évangile d'Ève*, texte barbélite rapporté par ÉPIPHANE, *Panarion*, XXVI, 3, 11.

nature que lui. Il est destiné à s'absorber dans la personne même de Jésus : « Celui-ci est moi et je suis lui[83]. » L'homme est le même que Dieu, Dieu est le même que l'homme.

La parfaite indifférenciation entre la divinité et les hommes se double d'une parfaite indifférenciation entre les humains porteurs d'une âme divine. Étant des parcelles de lumière, toutes ces âmes sont identiques entre elles. Elles sont interchangeables. La différence des corps, des intelligences et des passions est sans importance. La distinction des sexes non plus. Ayant pour fantasme l'indifférenciation sexuelle, la gnose rêve de son abolition, elle spécule sur le moment où il n'y aura plus ni homme ni femme, où « les deux seront un[84] ».

Pour la gnose, toutes ces différences sont contingentes, sans conséquence au regard de l'identité des étincelles divines formant les âmes. Ne compte que leur interchangeabilité, et donc celle des individus. C'est le règne du même. Je suis toi et tu es moi : le mêmisme constitue « un postulat fondamental de la gnose[85] ».

En vertu du dogme mêmiste, la religion séculière des droits de l'homme décide que, tous les hommes étant parfaitement interchangeables, des Maliens ou des Turcs en nombre illimité peuvent indifféremment remplacer au pied levé des Français indigènes pour faire fonctionner correc-

---

83. *Pistis Sophia.*

84. Fragment de l'*Évangile des Égyptiens* (iie siècle) transmis par Clément d'Alexandrie, *Stromates*, III, 9, 66.

85. Serge Hutin, *Les gnostiques*, p. 50,78.

tement la France. Il est bien évident que c'est faux, mais c'est un article de foi, un dogme religieux.

C'est au nom de ce dogme que les Européens se voient aujourd'hui sommés par le gnostico-millénarisme de la religion des droits de l'homme de disparaître en tant que civilisation et en tant que nations pour se fondre dans le grand tout d'une humanité mondialisée.

## L'INVITATION À DISPARAÎTRE ADRESSÉE AUX EUROPÉENS

La très vertueuse religion séculière des droits de l'homme trace aux Européens le devoir de disparaître en souriant pour faire place à d'autres peuples et à d'autres civilisations. C'est une invitation implicite à une euthanasie collective, à un suicide forcément heureux puisque conforme aux exigences de la vertu. Et le plus étrange, c'est que les peuples européens – ou du moins leurs dirigeants – semblent acquis à ce programme de sortie de l'histoire par la sortie de la vie.

Des observateurs lucides ont noté cette effarante adhésion de la civilisation européenne à son propre anéantissement au profit des autres, perçu comme l'accomplissement d'un devoir éthique. Pierre Manent déclarait en 2010 : « Je suis très surpris de la léthargie des Européens qui semblent consentir à leur propre disparition. Pis, ils interprètent cette disparition comme la preuve de leur supériorité morale[86]. » Le même constat a été effectué par Malika Sorel-Sutter :

---

86. Pierre MANENT, *Valeurs actuelles*, 25 novembre 2010.

«On ne peut pas dire à un peuple: "Vous êtes destinés à disparaître et vous devez l'accepter." Or c'est précisément ce qui est en train de se passer. [...] On demande aux peuples européens de disparaître: c'est une entreprise terrifiante[87].»

Certes, il n'y a pas dans tout cela de *goulag*, mais un redoutable endoctrinement et une très efficace police de la pensée qui relèvent d'un totalitarisme feutré, mais bien réel et paralysent les capacités de résistance des sociétés européennes. Tout comme le millénarisme communiste, le millénarisme humanitaire est capable de broyer des millions d'humains, physiquement et psychologiquement. Aussi bien que le projet du paradis communiste, le projet du paradis humanitaire peut avoir son cortège de victimes. Dans les deux cas au nom de l'amour.

Le projet gnostico-millénariste de l'accomplissement de la perfection morale par l'anéantissement de soi n'est pas sans évoquer les suicides collectifs organisés par certaines sectes, comme celle du Temple solaire – avec en l'espèce la potion douceâtre de la religion des droits de l'homme jouant le rôle de l'orangeade au cyanure distribuée par le gourou de la secte à ses fidèles. L'idée de sainteté collective séculière obtenue par une disparition consentie au nom de la religion humanitaire ne vient pas du christianisme, mais de sa perversion par la gnose.

On arrive ici au thème de la haine de soi, car la sensation de supériorité morale qu'éprouvent les Européens à s'effacer au profit d'autrui est fondée sur la haine de soi: nous sommes

---

87. Malika SOREL-SUTTER, *Le Figaro Magazine*, 6 mai 2011; *Valeurs actuelles*, 21 avril 2011.

sublimes puisque nous acceptons de disparaître au profit des autres ; mais si nous l'acceptons, c'est que nous ne méritons pas de vivre, car en réalité nous sommes infâmes. Tel est le mécanisme du masochisme occidental[88]. Ce masochisme est indispensable à l'amour de l'autre jusqu'au mépris de soi qu'exige le millénarisme gnostique de la religion des droits de l'homme. Si on déteste sa religion, sa civilisation, sa nation, il est plus facile de s'effacer devant les intérêts, les modes de vie et de pensée de l'autre. C'est ici que la haine de soi, la culpabilisation, la repentance ont leur utilité. C'est un moyen psychologique de faire légitimement passer l'autre avant soi. Le masochisme européen est l'outil obligé de la religion humanitaire.

Le thème de la haine de son pays, de sa civilisation, associé à l'amour frénétique de l'autre, tout particulièrement quand l'autre est l'ennemi, avait été brandi il y a maintenant près d'un siècle par le mouvement surréaliste, très épris d'ésotérisme, de gnose, de techniques d'illumination. «Mon pays remarquez bien, que je déteste, où tout ce qui est *français* comme moi me révolte à proportion que c'est français», clamait Aragon. Il annonçait en jubilant la mort prochaine de l'Europe, invitant l'Inde, l'Égypte, le monde entier à se révolter contre elle, et les trafiquants de drogue à se jeter sur les pays occidentaux terrifiés. Par la voix d'Aragon, les surréalistes, qui ne manquent pas une occasion de hurler leur haine de la France et leur amour de l'Allemagne, de

---

88. Pascal BRUCKNER, *La tyrannie de la pénitence*, Paris, éd. Grasset, 2006.

l'Union soviétique ou de la Chine, proclament être « ceux-là qui donneront toujours la main à l'ennemi[89] ».

Le programme de la haine de soi et de son pays est aujourd'hui devenu la pensée officielle, imposée par le politiquement correct de la religion des droits de l'homme. Les Européens ne se sentent plus le droit de s'estimer ni de s'aimer, comme le souligne Pierre Manent : « Il y a peu de temps encore, l'idée démocratique légitimait et nourrissait l'amour que chaque peuple éprouve naturellement pour lui-même. Désormais, au nom de la démocratie, on réprouve et rabroue cet amour[90]. »

C'est que, sous l'effet de la religion des droits de l'homme, on a adopté une conception sensiblement différente de la démocratie, fort éloignée du modèle classique de la démocratie libérale : souveraineté du peuple et protection des citoyens contre les excès du pouvoir au moyen des libertés publiques. Dans sa nouvelle version, la démocratie est devenue fondamentalement le culte de l'universel et l'obsession de l'ouverture à l'autre, avec dévalorisation corrélative de la souveraineté du peuple. Si on décide que c'est cela la démocratie, cela veut dire que la classique démocratie libérale n'était pas la démocratie. Et c'est ce qui s'est produit de manière assez sournoise. On a décidé que les valeurs de la religion des droits de l'homme étaient les vraies valeurs démocratiques. Ces nouvelles valeurs étant exclusivement universalistes, si

---

89. Louis ARAGON, « Fragments d'une conférence », *La Révolution surréaliste*, n° 4, 15 juil. 1925, p. 23.
90. Pierre Manent, *La raison des nations, op. cit.*, p. 18

on se place de leur point de vue, aucun peuple européen ne peut plus se sentir légitime puisque seule l'humanité est légitime. Or, on a placé ces valeurs au-dessus de la souveraineté des citoyens, institutionnalisant ainsi «la paralysie politique de la démocratie[91] ».

Pourtant, les peuples européens ont une identité, un contenu humain, une histoire, une civilisation. Mais tout cela est en péril de mort à cause de la dévotion fanatique envers l'universel qu'impose la religion humanitaire. Car la question de l'identité est interdite aux Européens par le despotisme antiraciste, lequel est un des visages de la religion des droits de l'homme. Dans les pays européens, les seules revendications identitaires ne risquant d'être accusées de racisme ou de xénophobie sont celles qui émanent soit des étrangers, soit des personnes ayant la nationalité du pays mais dont l'origine est étrangère[92].

En érigeant son droit en religion d'État porteuse d'un universalisme tyrannique, l'Europe occidentale s'est placée en position de faiblesse par rapport aux autres civilisations, lesquelles sont peu concernées par le projet gnostico-millénariste d'une humanité unifiée grâce à l'amour de l'autre jusqu'au mépris de soi. De même que nos historiens ont tant disserté sur les causes de la chute de l'Empire romain, peut-être des historiens chinois ou indiens disserteront-ils un jour sur les effets morti-fères, pour les civilisations européennes disparues, du caractère intolérant du culte des droits de l'homme, dont

---

91. Pierre MANENT, *La raison des nations, ibid.*, p. 18, 59.
92. Christopher CALDWELL, *Une révolution sous nos yeux, op. cit.*, p. 148.

la morale devenue notre religion d'État est le Moloch dévorant auquel nos peuples se sacrifient dans une transe collective.

# RELIGION DES DROITS DE L'HOMME ET DÉNATURATION DU DROIT

Le droit doit être fondé sur des valeurs de durée afin d'assurer sur le long terme la pérennité des sociétés qu'il régit. C'est ce que constate, dans toutes les civilisations, l'historien du droit. C'est ce qui s'est passé en Occident pendant un millénaire. Tous les droits qui se sont appliqués en France – qu'il s'agisse du droit coutumier (d'origine principalement germanique), du droit romain, des règles juridiques d'origine juive reprises par la législation ou la jurisprudence, ainsi que de la synthèse qui a été faite de tout cela dans les codifications napoléoniennes – obéissaient à des valeurs de durée. Ce sont ces valeurs qui ont permis aux sociétés européennes de vivre et de durer.

Cette conception classique du droit était parfaitement conforme aux conceptions chrétiennes qui ont très longtemps imprégné les mentalités des Européens et l'esprit des institutions. Le christianisme avait repris à son compte la morale descendue du Sinaï. Jésus reste attaché à la morale du Décalogue. Il ne dit pas que l'adultère est chose sans gravité. Il ne sauve la coupable que pour une fois. Il obtient sa grâce, mais l'invite à ne pas recommencer. Symbiose de la prédication évangélique et de la tradition biblique, le christianisme a conservé toute sa validité à la morale des Dix Commandements. Les apôtres et les disciples approuvent explicitement le châtiment terrestre de ceux qui commettent le mal[93].

Religion de l'amour divin, le christianisme n'a guère cherché à introduire des valeurs d'amour dans le droit des nations chrétiennes. Il a fait sienne l'idée que le droit avait pour mission de permettre la durée des sociétés humaines et ne s'est pas mêlé de changer ses dispositions. Au demeurant, cela était conforme à la disjonction chrétienne du politique et du religieux, fondé sur l'idée que les responsabilités politiques et juridiques sont purement d'ordre terrestre – de la compétence du prince ou du peuple –, tandis qu'à l'inverse, le royaume de Dieu n'est pas de ce monde.

Au contraire, durant la seconde moitié du XXᵉ siècle, dans un contexte d'implosion de la pratique religieuse chrétienne, le droit français et celui de la plupart des autres pays d'Europe occidentale ont tendu à se transformer en une religion d'amour universel : la religion séculière des droits de l'homme.

---

93. PIERRE, Iᵉʳᵉ épitre, 2,14. PAUL, Romains, 13,3-4.

## *LA MÉTAMORPHOSE DE L'AMOUR EN DROIT ET DU DROIT EN RELIGION*

Le germe d'une religion séculière était présent dès le départ dans les droits de l'homme, dès lors qu'ils prétendaient garantir à l'humanité « la marche vers un avenir radieux[94] ». Pourtant, l'affirmation de la religion séculière que nous connaissons n'a eu lieu qu'au bout d'un siècle et demi. C'est que, pendant longtemps, les droits de l'homme ne furent pas véritablement du droit.

Les droits de l'homme déclarés le 26 août 1789 relevaient du droit naturel et n'avaient donc pas en eux-mêmes de valeur juridique. Pendant tout le XIXᵉ siècle et jusqu'au milieu du XXᵉ siècle, c'est le législateur qui leur a donné une portée effective en les transcrivant dans le droit positif. Or ce qui a été mis en place, ce sont surtout les droits individuels des citoyens dans un État-nation pratiquant une démocratie libérale : ce que l'on appelait les libertés publiques[95].

Aussi bien n'était-ce pas si révolutionnaire que cela, puisque l'origine de nos libertés publiques est très antérieure à 1789. Sous l'Ancien Régime, le roi se fixait comme objectif le respect de la « liberté publique », de la liberté de ses sujets. De fait, la liberté conçue comme indépendance – comme le fait de n'être pas soumis à l'ingérence ou à l'interférence de l'autorité – était très présente dans l'ancienne France. Paral-

---

94. Danièle LOCHACK, *Les droits de l'homme*, Paris, éd. La Découverte, Paris, 2005, p. 3.
95. Jean MORANGE, *Droits de l'homme et libertés publiques*, Paris, PUF, 2003.

lèlement, la propriété était dans l'ensemble très solidement garantie et le droit de l'expropriation remarquablement protecteur[96]. La grande lacune était la liberté d'expression des opinions dans le domaine politique et surtout religieux. Sa proclamation fut dans le domaine des libertés publiques l'apport majeur de la Déclaration du 26 août 1789. Et elle trouvera sa garantie la plus achevée dans l'exemplaire loi sur la presse du 29 juillet 1881, instauratrice d'une liberté d'expression que l'on a aujourd'hui fortement amoindrie... au nom des droits de l'homme.

Ce n'est qu'après la fin de la Seconde Guerre mondiale que les droits de l'homme sont devenus directement du droit. Réaffirmés par le préambule de la constitution française de 1946, les droits et libertés figurant dans la Déclaration ont désormais nature constitutionnelle, et s'y ajoutent divers droits économiques et sociaux (tels que le droit d'obtenir un emploi, le droit de grève ou le droit à la protection de la santé). Cette constitutionnalisation des droits de l'homme sera confirmée par leur invocation dans le préambule de la constitution de 1958. Et celle-ci crée un juge constitutionnel qui va condamner ce qu'il considère comme des violations des droits de l'homme, y compris par le législateur. Parallèlement, les droits de l'homme devenaient aussi du droit du fait de l'internationalisation de leur garantie par différentes conventions, principalement dans le cadre européen. Si bien que le juge constitutionnel, et au-dessus

---

96. Jean-Louis HAROUEL, V^e «Ancien Régime», *Dictionnaire des Droits de l'Homme*, dir. Joël ANDRIANTSIMBAZOVINA et *al.*, Paris, PUF, 2008, p. 36-38.

de lui le juge supranational, sont en pratique les maîtres de fixer souverainement des principes fondamentaux qu'ils décident être conformes aux droits de l'homme. C'est dans ce contexte que les libertés publiques, centrées sur les seuls nationaux, vont largement faire place à ce que l'on appelle les droits fondamentaux, dont les grands bénéficiaires sont les étrangers. Et le respect de ces droits fondamentaux va se trouver imposé non seulement aux pouvoirs publics mais encore à tous les membres de la société[97].

Avec l'intrusion de la notion de droits fondamentaux – terme introduit en France dans les années 1970 –, aussi bien le juge constitutionnel que les cours européennes, mais aussi le législateur ont entrepris de transformer sournoisement le pays en camp de rééducation afin de sanctifier autoritairement les rapports entre particuliers sur la base d'un amour obligatoire de l'autre dont les manquements sont sanctionnés par les tribunaux.

Cet étrange phénomène a été parfaitement analysé par le doyen Carbonnier. Ainsi qu'il l'observe, il existe indiscutablement, depuis le départ, dans les droits de l'homme, l'idée d'une fraternité humaine et donc d'un devoir d'amour de l'autre. Mais cette dimension d'amour des droits de l'homme est longtemps restée strictement dans le registre de la morale individuelle. Elle ne relevait que de la conscience de chacun, qui était absolument libre de s'y conformer ou non. Certes, cette morale créait à chaque individu le devoir

---

97. Olivier DORD, «Libertés publiques ou droits fondamentaux?», *Les Libertés publiques* (*Les cahiers français*, n° 296), Paris, La Documentation française, 2000, p. 11-16.

– qu'il fût chrétien ou philanthropique – de voir en l'autre son semblable, de le traiter comme son frère. Cependant, ce devoir restait purement éthique : il n'entraînait pas d'obligation juridique et donc pas de sanction judiciaire. L'autre ne disposait pas du droit de s'adresser aux tribunaux pour exiger l'accomplissement du devoir d'amour qui lui était moralement dû. Cette fraternité pouvait être fervente et sans limite, mais elle était librement consentie.

Or tout a changé dans la seconde moitié du XX$^e$ siècle, après l'entrée en vigueur de la Convention européenne des droits de l'homme de 1950. S'est alors progressivement mis en place un véritable culte des droits de l'homme, aussi bien ceux de la Déclaration de 1789 que ceux de la Convention européenne, ratifiée par la France en 1975. Les États européens se sont enthousiasmés pour la morale des droits de l'homme, alors même que cette morale connaissait une profonde mutation.

En effet, sont alors passés quelque peu au second plan les droits individuels de base, les droits-libertés reconnus aux individus pour les garantir contre de possibles abus de leurs gouvernants : liberté d'aller et venir, sûreté, inviolabilité du domicile et des correspondances, liberté de pensée et d'opinion, liberté d'expression. Le centre de gravité de la morale des droits de l'homme s'est déplacé vers le principe de non-discrimination qui est devenu le principe primordial des droits de l'homme.

Il en est résulté une nouvelle version de la morale des droits de l'homme, centrée sur l'obsession de la non-discrimination. L'État s'est approprié cette « morale renouvelée » des droits de l'homme et ce faisant il en a fait «sortir du droit». En France, dès 1972, la loi Pleven a introduit la sanction pénale de tout propos jugé susceptible d'encourager à une quelconque discrimination. Surtout, le nouveau Code pénal de 1994 sanctionne comme délits pénaux «une série de pratiques discriminatoires, classées "atteintes à la dignité de la personne"». De ce Code ainsi que de diverses autres lois, il résulte une obligation juridique de non-discrimination: celui qui «propose au public quelque avantage» ne doit en exclure personne pour cause de sexe, de race, de religion, etc. Désormais, si quelqu'un estime avoir fait l'objet d'une discrimination de la part d'un autre individu, d'une entreprise ou d'un organisme quelconque, cette personne ou une association désireuse d'agir pour elle peut déclencher un procès pénal.

Alors qu'elle ne venait jusqu'ici «que du cœur» et qu'elle était librement consentie, la fraternité, du fait qu'on y est juridiquement contraint, prend une dimension «sourcilleuse», voire «chicanière». Et c'est même ce passage au droit qui, rendant obligatoire l'amour de l'autre, a fait de cet amour une religion. C'est en se trouvant transformée en droit que la morale «renouvelée» des droits de l'homme «a revêtu les signes d'une religion d'État, y compris un certain penchant à l'intolérance[98]».

---

98. Jean CARBONNIER, *Droit et passion du droit sous la V<sup>e</sup> République, op. cit.*, p. 119-120.

## UN AMOUR OBLIGATOIRE D'ALLURE
## MILLÉNARISTE ET GNOSTIQUE

L'amour qui est au cœur de la religion séculière des droits de l'homme n'est pas l'amour chrétien, même s'il présente bien des ressemblances avec lui. C'est une version profondément déformée de l'amour évangélique.

Certes, poussé à l'extrême, le christianisme provoque un oubli, un mépris de la cité terrestre, charnelle et concrète, au profit de la cité céleste, caractérisée par l'amour de Dieu jusqu'au mépris de soi, selon la célèbre formule de saint Augustin. Mais c'est une démarche purement personnelle, intérieure et libre.

La religion séculière des droits de l'homme transforme radicalement cette démarche en lui fixant pour objet non plus Dieu, mais l'homme-Dieu de la gnose, en la rendant collective et en lui donnant un caractère obligatoire. Dans une perspective sécularisée, il s'agit, comme on l'a vu, d'obtenir le paradis sur la terre en instaurant *hic et nunc* un amour de l'autre jusqu'au mépris de soi au nom de l'humanité divinisée. C'est au nom de cet amour que l'on est requis de voir l'autre comme le même, fût-ce contre l'évidence.

L'amour de Dieu d'où découlait l'amour de l'autre selon l'enseignement chrétien est remplacé par une obligation juridique d'amour absolu de l'autre dont les manquements sont sanctionnés par le droit. Vertu d'origine chrétienne, l'oubli total de soi au profit d'autrui est aujourd'hui imposé autoritairement à la civilisation occidentale, sans même la contrepartie que comporte la religion chrétienne : la promesse du salut éternel.

Cela évoque les vieux millénarismes religieux qui considéraient que la loi d'amour du Christ suffisait pour régir la société. Tout le reste leur semblait inutile et oppressif, à commencer par le droit. Aussi les révolutionnaires millénaristes abolissaient-ils toutes les règles de droit en vigueur pour leur substituer la seule loi d'amour du Christ, laquelle devait être la norme unique du monde parfait qu'ils prétendaient fonder. Et comme cette loi d'amour était interprétée comme imposant le communisme des biens et parfois des personnes, le principe communiste régnait en maître : tout ce qui le contredisait était impitoyablement réprimé. Si bien que l'exaltation de la loi d'amour du Christ servait à légitimer le pouvoir totalitaire des chefs millénaristes et les violences ordonnées par eux pour imposer par la terreur le communisme auquel cette loi était censée se résumer.

À propos de cet amour unilatéral obligatoire, il faut rappeler aussi la gnose, et tout particulièrement la doctrine de Marcion qui prônait le règne exclusif de l'amour sans s'encombrer des principes de justice édictés par un Décalogue méprisé.

Prônant l'amour sans le juste, le gnostique Marcion, qui vécut au II$^e$ siècle, avait construit un christianisme entièrement arraché à ses racines juives. Marcion nie que Jésus soit le fils et l'envoyé de Yahvé qui, créateur d'un monde défectueux et instaurateur de la loi de Moïse, exerce une stricte et impitoyable justice. Jésus est pour Marcion l'envoyé du dieu suprême et bon qui, pour libérer les hommes du poids de la justice, a envoyé son fils leur apporter l'amour. Par opposition à Yahvé qu'il appelle le Dieu juste, Marcion appelle Dieu bon ce dieu suprême dont Jésus est la manifestation à peine distinguable de lui.

Rejetant radicalement le Dieu juste et ne voulant connaître que le Dieu bon, Marcion invitait ses disciples à faire table rase de la Bible et du passé juif pour ne garder que la prédication christique et sa loi d'amour. Il entendait couper totalement les préceptes évangéliques de leur contexte et de leurs références bibliques. Marcion voulait s'en tenir exclusivement au Nouveau Testament, qu'il avait de surcroît expurgé par une rigoureuse exégèse antijudaïque. C'était une complète trahison du christianisme qui fut au départ un judaïsme réformé.

En rejetant le Dieu juste et l'Ancien Testament, Marcion rejetait la justice, l'ordre social, le mariage, la famille, la nation. Aussi bien est-ce un trait général de la gnose, qui méprisait la justice et la morale, qui abominait la procréation, qui condamnait volontiers la propriété et toutes les règles régissant la vie sociale.

La doctrine de Marcion était également marquée par une prédilection pour tous les déviants. Le rejet du Dieu juste s'accompagne du rejet de ceux qui suivent sa morale. Marcion affirme que, lorsque Jésus est descendu aux enfers[99], il n'a libéré aucun des justes de l'Ancien Testament. En revanche, il a délivré les réprouvés. Il a libéré Caïn, l'assassin de son frère Abel, lequel a été laissé dans l'enfer. Le Dieu

---

99. Comme l'évoque le Nouveau Testament : Actes des apôtres 2,31 ; I$^e$ épitre de Pierre 3,19-20.

bon préfère les assassins à leurs victimes. Il préfère aussi les violeurs aux hommes vertueux. Il a libéré les Sodomites – les habitants de Sodome – qui, ivres d'une pulsion de viol, avaient assiégé la maison de Loth en réclamant qu'il leur livrât les deux beaux jeunes hommes – deux anges – qu'il venait d'accueillir sous son toit[100].

Tels sont ceux que, selon Marcion, Jésus aurait arrachés des enfers, de préférence aux justes de la Bible comme Noé, Abraham ou Moïse. De l'amour sans la justice, Marcion a tiré la prédilection pour les assassins et les violeurs. Et aussi pour les ennemis, puisqu'il ajoute que Jésus a également délivré des enfers les Égyptiens, c'est-à-dire les ennemis du peuple juif. Au nom de la loi du pur amour, Marcion opère une complète inversion des valeurs, avec pour résultat que les « mauvais » deviennent les « bons ».

Tout cela préfigure beaucoup d'aspects de l'actuelle religion séculière des droits de l'homme, dont le moins que l'on puisse dire est qu'elle n'est guère favorable à l'obéissance envers le Décalogue, à l'observation de la morale commune et au respect des règles sociales.

C'est à la lumière de cette exaltation par Marcion d'un amour divin – celui du Dieu bon et de Jésus, son émanation – conçu comme rejetant les exigences de la justice, que l'on doit comprendre la remarque de Nietzsche écrivant que « les idéologies laïques ont, au nom de l'humanité, surchristianisé le christianisme[101] ». Cette prétendue surchristianisation est en fait une utilisation de préceptes évangéliques

---

100. Genèse 19,4-8.
101. Cité par Pascal BRUCKNER, *La tyrannie de la pénitence*, p. 14.

en les coupant de leur assise religieuse et en faisant fi de l'attachement chrétien à la morale du Décalogue.

La gnose, c'est bien connu, utilise des éléments chrétiens pour leur donner un tout autre sens. Arracher totalement l'amour christique à son contexte biblique, et de surcroît l'interpréter comme une préférence pour les criminels et autres déviants, ce n'est pas vraiment une surchristianisation du christianisme, c'est plutôt sa falsification par une démarche gnostique, et plus particulièrement par des doctrines évoquant celles de Marcion. Ce n'est pas surchristianiser le christianisme, c'est faire du marcionisme sécularisé.

Même s'il y a dans la religion des droits de l'homme l'écho de certains préceptes et de certaines valeurs évangéliques, nos temps post-chrétiens sont fondamentalement dominés par la gnose, tout spécialement dans sa version marcionite. Et aussi, bien sûr, par le millénarisme. Avec cette différence que, maintenant, le millénarisme ne supprime plus le droit pour lui substituer le principe d'amour : il a massivement injecté le principe d'amour dans le droit.

## DROIT RELIGIEUX ET NOUVELLE PRÊTRISE JUDICIAIRE

Par une étonnante régression, on est revenu à un droit religieux[102]. C'est en étant transformée en droit que la

---

102. Sur l'histoire des rapports entre droit et christianisme : Jean-Louis HAROUEL, *Le vrai génie du christianisme*, p. 117-159.

morale « renouvelée » des droits de l'homme est devenue une religion d'État. Parallèlement à l'implosion de la pratique religieuse chrétienne, le droit, bourré de valeurs dérivant de préceptes évangéliques dénaturés, car coupés de leur assise chrétienne, s'est substitué à la religion. Des pans entiers du droit sont devenus une religion séculière d'État, la religion des droits de l'homme.

C'est un retour de ce que l'on appelle l'augustinisme, terme qui désigne la confusion des missions de l'État et des missions de la religion[103]. À l'époque carolingienne, puis sous l'Ancien Régime, l'augustinisme consistait pour l'État à se considérer comme responsable du salut éternel de l'ensemble des gouvernés. L'augustinisme actuel consiste pour l'État à se sentir responsable de la sanctification de la société au regard des dogmes de la religion séculière des droits de l'homme, ce qui le conduit à exiger de manière pointilleuse le respect par la société des règles juridiques constitutives de cette religion.

Dès lors que la religion séculière des droits de l'homme est substantiellement formée de règles de droit, les prêtres de cette religion sont tout naturellement les magistrats, si bien que le sagace historien du droit Jacques Krynen parle à leur propos de nouvelle prêtrise judiciaire[104]. Il s'agit là encore d'un retour à une vieille conception d'Ancien Régime, selon laquelle les magistrats, officiers de justice du roi, préféraient

---

103. Terme forgé par Mgr Henri-Xavier Arquillière, *L'augustinisme politique*, Paris, éd. Vrin, 1955 [1933].
104. Jacques Krynen, *L'emprise contemporaine des juges*, Paris, éd. Gallimard, 2012, p. 335-349.

se considérer comme les prêtres de la justice, ayant reçu leur mission directement de Dieu et n'ayant à rendre de comptes qu'à lui quant à leur manière de l'exercer[105].

Les juges-prêtres de jadis fondaient volontiers leurs décisions sur des règles religieuses d'origine biblique. Ils punissaient strictement les crimes envers les personnes et les biens au nom de la sévérité de la loi juive envers ceux qui violaient le Décalogue. Les juges-prêtres d'aujourd'hui trouvent leur inspiration dans la morale de l'amour de l'autre érigée en norme absolue par la religion des droits de l'homme. Ils n'ont gardé la sévérité ancienne que pour les crimes de nature religieuse contre les dogmes de l'actuelle religion d'État qu'est la religion séculière des droits de l'homme.

## L'ÉTAT-ÉGLISE DE LA RELIGION DES DROITS DE L'HOMME

Avatar actuel de la religion de l'humanité, la religion séculière des droits de l'homme est un système politico-religieux réglementariste, coercitif et répressif dont l'État est en même temps l'Église. Il s'est constitué un État-Église de la religion des droits de l'homme.

En France tout particulièrement, sous l'effet de l'actuelle rechute dans l'augustinisme politique et juridique, l'État se définit et se légitime par sa mission religieuse. Comme au

---

105. Marie-France Renoux-Zagamé, *Du droit de Dieu au droit de l'homme*, Paris, PUF, 2003, p. 175, 179-180.

Haut Moyen Âge, la politique est aujourd'hui un département de la morale : et cela au détriment du peuple français, dont l'État est simplement l'organisation politique. Il y a une véritable trahison du peuple par l'État. Car si tout État a des devoirs envers l'humanité, il a des devoirs prioritaires envers le pays dont il constitue le visage institutionnel. Il doit veiller prioritairement à ses intérêts, sa prospérité, son inscription dans la durée.

Mais, en Europe occidentale – et en France moins qu'ailleurs –, l'État n'a presque aucun souci des intérêts concrets du peuple. Son avenir importe peu. L'État veille seulement à sa sainteté, à sa vertu, par le respect obligatoire des dogmes du millénarisme de l'amour de l'autre jusqu'au mépris de soi. Les manifestations d'opinions non conformes à ces dogmes sont les nouveaux crimes religieux, sanctionnés par un nouveau droit pénal religieux.

## LE DROIT PÉNAL DE LA RELIGION DES DROITS DE L'HOMME

Au nom du dogme du « tous pareils » qui fonde le mêmisme de la religion séculière des droits de l'homme, l'autre est en mesure d'exiger d'être reconnu comme le même que soi, et d'obtenir gain de cause devant les tribunaux. Il n'y a plus ni Juifs, ni Noirs, ni étrangers, ni musulmans, ni femmes, ni homosexuels, ni handicapés, ni aucune autre minorité visible ou non. Ils sont tous « le même » quand ils exigent de l'être. Ce qui ne les empêche pas d'être revendicativement l'autre quand ils estiment pouvoir en tirer un avantage. Dès 1983, le grand philosophe du droit Michel Villey observait que les groupes de pression bénéficiaires d'une conception indéfiniment extensive des droits de l'homme avaient «pris l'habitude de calculer leurs "droits" sur la seule considération narcissique d'eux-mêmes et d'eux seuls[106]».

Au nom de la religion d'État des droits de l'homme, ces groupes ont arraché au législateur et au juge des foules d'avantages incroyablement ruineux pour la société ainsi que d'immenses privilèges dans le domaine du droit. Au nom de la parfaite égalité, ce sont des privilégiés. Ils ont leur régime juridique protecteur particulier, leur *privata lex lex privata*, leur privilège. Ce sont des catégories à l'égard desquelles la liberté d'expression est supprimée. Il est prohibé d'exprimer à leur égard des critiques, même si elles sont fondées. Ces catégories sont placées au-dessus du reste de la société. Elles sont sacrées. Le nouveau droit pénal qui interdit que ces catégories puissent faire l'objet d'un libre débat est un droit pénal religieux. C'est le droit pénal de la religion séculière des droits de l'homme. Il est au service de certaines minorités et de certaines religions, à l'égard desquelles tout propos critique est dénoncé par un mot se terminant par «phobie». Le christianisme n'en fait pas partie.

Tout cela est en train de détruire purement et simplement la liberté d'expression, la liberté de pensée, et plus généralement les libertés publiques. Opposables à l'État par le citoyen, elles furent le noyau fondateur de la démocratie

---

106. Michel VILLEY, *Le droit et les droits de l'homme*, Paris, PUF, 1983, p. 97.

libérale. Or, dans les nations d'Europe occidentale, les libertés publiques – qui sont le socle historique des droits de l'homme comme garants de la liberté – sont en train d'être grandement réduites par l'actuelle religion d'État des droits de l'homme. Il y a, au nom des idées les plus généreuses, création subreptice d'une société liberticide, dans laquelle il est interdit de dire ce que l'on voit, de dénoncer les mécanismes qui sont en train de détruire nos sociétés et notre civilisation.

Le principe de prohibition absolue de toute discrimination est lourd de menace totalitaire, car sa logique est d'anéantir l'État libéral. La démonstration en a été faite dès 1965 par Leo Strauss. Celui-ci expose que le libéralisme repose essentiellement «sur la reconnaissance d'une sphère privée, protégée par la loi, mais où la loi ne peut pénétrer». Or une interdiction légale de toute discrimination signifie une inquisition policière et judiciaire constante au sein de la vie privée, et donc «l'abolition de la sphère privée, la négation de la différence entre l'État et la société, la destruction de l'État libéral[107]». Bref, un système totalitaire. Il est fou et suicidaire de faire de l'amour absolu de l'autre la norme juridique suprême sanctionnée par le juge.

Au nom de l'extirpation de toute forme de discrimination, nous sommes sortis de la démocratie libérale. Nous sommes soumis à «un régime disciplinaire» qui nous interdit de considérer les autres «autrement que sous la

---

107. Leo STRAUSS, cité par Pierre MANENT, *La raison des nations*, p. 82-83.

rubrique exclusive du semblable». Ce qui nous distingue «ne peut être évalué ni même nommé publiquement[108]».

La liberté se trouve gravement amoindrie et mise en danger par le système de religion séculière d'État auquel nous sommes soumis. Par une incroyable régression, on a rétabli la punition judiciaire du blasphème et du sacrilège. Les manifestations d'opinions non conformes aux dogmes de la religion séculière officielle sont les nouveaux crimes religieux. Le simple fait d'avoir l'imprudence de manifester par un signe extérieur des convictions réprouvées par le législateur est pénalement punissable : or ce sont les propres termes de Léon Blum dénonçant les « lois scélérates » de 1893-1894[109]. L'actuelle législation anti-discriminatoire est une réédition de celles-ci. Encore que de manière plus feutrée, la religion séculière des droits de l'homme bâillonne l'opinion aussi efficacement qu'un régime totalitaire. C'est ainsi que l'interdiction de critiquer l'immigration revient en réalité à «interdire purement et simplement de traiter un des grands problèmes de l'heure[110]». Le millénarisme vertueux de l'élimination de toute discrimination – c'est-à-dire en clair de l'amour de l'autre jusqu'au mépris de soi – est suicidaire pour les sociétés européennes.

---

108. Pierre MANENT, *ibid.*, p. 84.
109. Cité par Patricia et Martial MATHIEU, « Revenir aux "Lois scélérates" ? », *Études offertes à Jean-Louis Harouel*, Paris, éd. Panthéon-Assas, 2015, p. 972.
110. *Ibid.*, p. 59.

## EFFETS SOCIAUX MORTIFÈRES DE LA RELIGION DES DROITS DE L'HOMME

Sécularisant et falsifiant en même temps l'idéal d'amour universel de la cité céleste, la religion séculière des droits de l'homme enferme les Européens dans un marché de dupes. Les astreignant vertueusement à un amour unilatéral de l'autre – et tout particulièrement de l'étranger, incarnant la sainte humanité –, elle les contraint à renoncer à tout ce qui assure la survie de la cité terrestre : préservation de l'identité de chaque société humaine, défense de ses intérêts, amour de la patrie, pérennité de la famille, organisation de la sécurité, exactitude de la justice.

Dans tous ces domaines, les sociétés européennes sont perdantes, d'une part en raison du caractère impraticable des préceptes évangéliques comme règles de droit, d'autre part à cause du caractère profondément destructeur des tendances gnostiques que véhicule la religion des droits de l'homme.

La religion des droits de l'homme s'est très largement construite à partir d'idées venues des Évangiles, mais détournées vers des usages auxquels elles n'étaient pas destinées et utilisées pour détruire la conception traditionnelle de la justice, tout à fait dans la ligne de Marcion. Or c'est un contresens que de construire un droit sur la base de préceptes évangéliques, alors que Jésus n'a pas voulu être créateur de droit. Sa morale était destinée, devant l'imminence de la fin des temps, à apporter des conseils de perfectionnement moral individuel permettant d'accéder au royaume de Dieu. On ne saurait trop rappeler, avec Paul Veyne, que le christianisme est «une religion du salut dans l'Au-delà et non un projet politique pour ce bas monde[111]».

Elle n'est assurément pas faite pour être transformée en règles de droit, cette étrange justice chrétienne obsédée de perfection. Cette justice dont les conseils s'adressent au cœur et sont «imprécis dans leurs prescriptions, exigeants jusqu'à l'héroïsme». Une justice où l'on ne doit pas exiger le paiement des dettes, où l'on doit toujours pardonner, où l'ouvrier de la dernière heure est payé autant que celui qui a travaillé tout le jour, où la brebis égarée vaut davantage que toutes les autres réunies. Se résumant dans l'amour, la justice chrétienne est «un paradoxe permanent». Et saint Augustin marquait bien dans son *De libero arbitrio* que les violations de la loi d'amour du Christ ne relevaient pas de la justice terrestre. En grand juriste, Michel Villey soulignait au début des années 1960 qu'il ne fallait pas confondre le royaume des cieux et le droit, qu'il fallait se garder de «faire usage des conseils de perfection évangélique à contresens, contre son prochain et l'ordre public, en les transportant indûment dans l'office du juge terrestre[112]». Mais c'est ce que fait depuis un demi-siècle la religion des droits de l'homme.

Or, une fois laïcisées et transformées en religion séculière d'État dont les violations sont sanctionnées par le droit, les valeurs évangéliques sont socialement catastrophiques.

---

111. *L'Histoire*, n° 302, oct. 2005, p. 97.
112. Michel VILLEY, *La formation de la pensée juridique moderne*, Paris, PUF, 2003, p. 124, 127-129, 140, 169.

Il y a un côté impraticable de l'Évangile pour la vie normale. Aimer son ennemi, tendre l'autre joue : ce sont des chemins de sanctification individuelle, pas des règles de droit que l'on peut imposer à toute une population. On ne saurait trop y insister : le millénarisme de l'amour de l'autre poussé jusqu'au mépris de soi est mortifère pour les sociétés qui s'y abandonnent.

Le sublime de l'amour divin transposé sur un mode terrestre peut engendrer de criantes injustices. Ainsi la discrimination en faveur de l'ouvrier n'ayant travaillé qu'une heure, ou la prédilection pour la brebis perdue, à elle seule plus précieuse que tout le troupeau. Tout cela peut valoir quand il s'agit du salut céleste, mais non dans la vie ordinaire.

On le voit bien en matière pénale, où la grande affaire est aujourd'hui le rachat des criminels, leur rédemption terrestre. Le criminel est la brebis égarée, et lui seul compte vraiment. Bien plus que ses victimes, bien plus que les innocents. Le Christ conseille de pardonner sans fin et de tendre l'autre joue quand on est frappé. Mais cela concerne la morale individuelle et non la justice publique. La société pardonne et tend l'autre joue bien trop facilement. C'est générateur d'injustice, de danger, de souffrances. L'amour manifesté au criminel – à la brebis perdue et qu'on veut croire retrouvée – suscite un enfer pour bien des innocents. Même chose en matière d'immigration, où l'immigré représente l'ouvrier de la dernière heure, le dernier venu à qui tout est dû, au détriment de ceux qui sont là depuis toujours. Ce sont des effets pervers parmi tant d'autres du nouvel augustinisme juridique, lequel transforme en règles de droit les idéaux de la religion de l'humanité.

Dans la dénaturation des idées chrétiennes par le millénarisme humanitariste, la gnose joue un rôle décisif. Détestée par la gnose, la famille est une grande victime de ce rejet du legs biblique. Sa destruction se fait au nom de valeurs d'origine chrétienne (l'égalité, la liberté), mais coupées de la religion chrétienne et utilisées par des groupes d'influence d'inspiration gnostique, à commencer par la franc-maçonnerie. Des règles nées de valeurs individualistes (comme la libéralisation du divorce, le droit à l'avortement) et égalitaires (comme l'égalité successorale de l'enfant naturel et de l'enfant légitime, ou encore le mariage homosexuel) ont investi le droit, pour le plus grand agrément des bénéficiaires et au grand détriment de la solidité de l'institution familiale.

La liberté souveraine de l'individu absolutisé rejoint elle aussi le vieux mépris gnostique d'un ordre naturel conforme à la tradition biblique. La Genèse dit que furent créés l'homme et la femme – « Dieu créa l'homme à son image, à l'image de Dieu il le créa, homme et femme il les créa[113] » –, et point n'est besoin d'être croyant pour savoir que les humains sont sexués. Mais, dans une logique gnostique, l'individu souverain affranchi du respect de toute règle, et même de la prise en compte du réel, peut bien se réclamer du sexe qui lui plaît. Le Décalogue dit que l'on doit honorer son père et sa mère. Pourtant, la même conception gnostique qui autorise l'individu à faire tout ce

---

113. Genèse, 1,27.

qu'il veut, engendre, quand elle est consacrée par le droit, des pseudo-familles bi-paternelles ou bi-maternelles.

Les criminels ont toute la sympathie de la religion séculière des droits de l'homme, qui, dans une logique gnostique d'indifférence au bien et au mal, réprouve la sévérité à leur égard de la tradition biblique. La prédilection de Marcion pour le criminel et pour l'ennemi est aujourd'hui largement reprise par une justice dominée par la religion des droits de l'homme. Nous sommes en plein marcionisme judiciaire. La prohibition du meurtre a perdu beaucoup de son autorité morale. Le «Tu ne tueras pas» n'est vraiment pris entièrement au sérieux que pour préserver les assassins de la peine capitale. Parallèlement, la désinvolture gnostique envers le Décalogue conduit l'idéologie des droits de l'homme à revendiquer diverses possibilités de tuer (suicide assisté, euthanasie, etc.). Quant à la phobie gnostique de la procréation, elle se retrouve dans l'usage généralisé de la contraception et plus encore dans la banalisation de l'avortement. On est ici au cœur de la gnose, même si on ne confectionne plus de ces pâtés de fœtus dont se délectaient certains gnostiques des premiers siècles lors de banquets sacrés.

Telles sont les œuvres du Dieu bon, livré à lui-même, sans le garde-fou de la tradition biblique, privé du contrepoids du Dieu juste. Décidément, sans que la chose soit jamais dite, Marcion est un grand inspirateur de la religion séculière des droits de l'homme.

# LES DROITS DE L'HOMME AU SERVICE D'UNE IMMIGRATION COLONISATRICE

Quand une immigration de travailleurs se transforme en intégration familiale – c'est-à-dire en « immigration de colonisation » –, c'est alors qu'apparaissent les problèmes, observait le sociologue Abdelmalek Sayad[114]. De fait, se constituent de vastes groupes nationaux dont l'identité est en permanence réactivée par de nouvelles arrivées. Sans intérêt pour la France, l'immigration de colonisation extra-européenne lui occasionne des charges financières écrasantes, des problèmes insolubles en matière d'éducation, de sociabilité, de sécurité, d'ordre public. Le désir de vivre ensemble est, sauf exception, absent. Tout cela fracture la société. Tout cela déposède le peuple originel de son pays. Tout cela se fait au nom des droits de l'homme et grâce à eux.

---

114. Abdelmalek SAYAD, *La double absence*, éd. Points essais, 2014. Cité par Christopher CALDWELL, *Une révolution sous nos yeux, op. cit.*, p. 124.

Ce vieux pays de France possède une identité, un contenu humain, une histoire, une civilisation. Mais tout cela est en péril de mort à cause du millénarisme humanitaire de l'amour de l'autre jusqu'à l'oubli de soi, dont une composante majeure est l'idéologie immigrationniste qui, dans son millénarisme suicidaire pour l'Europe en général et la France en particulier, prétend faire reconnaître la liberté d'immigration comme un nouveau droit de l'homme.

## L'IMMIGRATION COMME DROIT DE L'HOMME : UN NOUVEAU MILLÉNARISME

L'un des grands aspects de la religion séculière des droits de l'homme est constitué par ce que Pierre-André Taguieff appelle l'immigrationnisme. Il désigne par ce terme le dogme de nature religieuse selon lequel l'immigration serait un phénomène à la fois inévitable et bienfaisant. Et il voit dans cette croyance «la dernière utopie fataliste des bien-pensants[115]».

Le déferlement sur l'Europe de l'immigration extra-européenne – car c'est d'elle seule qu'il s'agit – est présenté par ses thuriféraires comme juste et bon puisque inscrit dans la mécanique irrésistible et nécessairement bénéfique du sens de l'histoire. C'est toujours le vieux rêve du paradis sur la terre dont sont nés tant d'enfers grands et petits. C'est toujours le même historicisme caractéristique des grands

---

115. Pierre-André TAGUIEFF, *Les Contre-réactionnaires*, Paris, éd. Denoël, 2007, p. 559.

messianismes et millénarismes séculiers. C'est toujours la mécanique inexorable et broyeuse d'hommes des religions séculières.

Prenant la suite du communisme et partageant son caractère millénariste, cette nouvelle version laïcisée de la création du royaume de Dieu sur la terre repose sur l'affirmation que la libre immigration – pour venir en Europe, bien sûr – serait un droit de l'homme.

En France, avec son remplacement de l'ouvrier par l'immigré extra-européen comme «figure christique de son combat», la gauche a «droit-de-l'hommisé» le sujet de l'immigration. Cette remarque, dont l'auteur est le journaliste du *Nouvel Observateur* Hervé Algalarrondo, montre très éloquemment que la possibilité de s'installer à sa guise en Europe, et plus particulièrement en France, est devenue pour tout un courant idéologique, un droit de l'homme[116]. Les dévots de la religion séculière des droits de l'homme veulent imposer l'idée qu'à partir du moment où un immigré est entré sur le territoire français, même de manière totalement illégale, il aurait un droit absolu à y rester aussi longtemps qu'il le souhaite. L'immigrationnisme proclame avec enthousiasme que nous sommes entrés dans un monde de brassage et de métissage, et que là est notre avenir radieux. En conséquence, il réclame, au nom des droits de l'homme, que les obstacles à l'entrée des étrangers en France soient réduits au maximum, et qu'aucun immigré

---

116. Hervé ALGALARRONDO, *La gauche et la préférence immigrée*, Paris, éd. Plon, 2011, p. 33, 35, 36.

ne puisse être renvoyé du territoire français, quand bien même il s'y trouverait en parfaite violation de la loi.

De manière délibérée, la religion des droits de l'homme «préfère les étrangers, les immigrés et les enfants d'immigrés[117]». Bref, l'amour de l'autre jusqu'à l'oubli de soi! Les millénaristes que sont les adeptes fervents du «culte immigrationniste» érigent en article de foi l'idée que le pouvoir politique n'a pas d'autre possibilité que de se plier avec empressement à cette bienheureuse fatalité historique qu'est le flot sans fin de l'immigration extra-européenne. L'idéologie immigrationniste milite pour l'inscription du droit d'immigrer parmi les droits de l'homme. Telle est l'utopie millénariste de la rédemption de l'Europe par une immigration principalement venue d'Afrique et du Moyen-Orient. Cette propagande repose sur un sophisme qui laisse entendre que les immigrés sont presque des nationaux comme les autres et doivent en conséquence bénéficier des mêmes droits. C'est raisonner «comme si le genre humain s'était politiquement unifié». Cela dit, le sort des immigrés illégaux intéresse en réalité fort peu les «fanatiques de l'utopie immigrationniste». L'immigration n'est pour eux qu'un prétexte pour œuvrer à la «destruction des nations», préalable à l'avènement de «l'âge d'or de l'avenir» dans lequel ils rêvent qu'adviendra «la réconciliation de l'humanité avec elle-même». L'objectif véritable de ces croyants laissés orphelins par l'effondrement du communisme est de réaliser «la décomposition des structures politiques et sociales – à commencer par la famille, l'école et la nation».

---

117. *Ibid.*, p. 20.

Ultime avatar de leurs « rêves messianiques », la submersion de l'Europe occidentale par l'immigration est pour les révolutionnaires européens mués en activistes des droits de l'homme le substitut de la « Révolution purificatrice[118] ».

Le millénarisme immigrationniste est de même nature que les millénarismes qui firent régner jadis la terreur communiste à Münster, et plus récemment en URSS, dans la Chine de Mao, au Cambodge. Il est de nature totalitaire. Tout le reste n'est que propagande sans guère de crédibilité.

Les fanatiques de l'immigration prétendent mener en faveur des étrangers un combat citoyen. Mais c'est une contre-vérité. Au nom de l'immigration érigée en droit de l'homme, ils mènent en réalité un combat pour la destruction des nations européennes au moyen des flux migratoires. Leur combat est un combat mondialiste, un combat contre la cité et la citoyenneté. Bref, un combat anti-citoyen.

## NÉCESSITÉ ÉCONOMIQUE DE L'IMMIGRATION : UN FAUX ARGUMENT

Sauf cas particulier comme celui de l'Allemagne, l'idée selon laquelle l'Europe aurait besoin de l'immigration pour des raisons économiques est fausse. Concernant l'économie française, le démographe Hervé Le Bras a indiqué en 2009 que l'immigration ne lui était pas nécessaire dans les années

---

118. Pierre-André Taguieff, *Les Contre-réactionnaires, op. cit.*, p. 559-563.

à venir. Elle n'est pas nécessaire du fait des « énormes réserves d'activité existant dans la population française[119] ».

Dans le même sens, Christopher Caldwell et Michèle Tribalat démontrent en s'appuyant sur des études scientifiques rigoureuses que le discours dominant n'est qu'une propagande désinformatrice en faveur de l'immigration. Le gain apporté par les immigrés en matière de niveau de vie est nul ; certes, il y a augmentation du produit intérieur brut (PIB), mais l'augmentation parallèle de la population fait que le PIB par habitant est sensiblement le même[120]. De plus, les immigrés perçoivent de l'État providence davantage que ce qu'ils lui versent[121].

L'argument que les immigrés occuperaient les emplois dont les habitants du pays ne veulent pas n'est qu'un mythe. Ils occupent seulement ces emplois pour moins cher, mais seulement s'ils sont en situation irrégulière[122]. Dès qu'ils seront régularisés, ils n'accepteront plus les emplois dont les Européens ne veulent pas – du moins ne veulent pas pour le salaire qui est offert. Ainsi, l'immigration pèse sur les salaires, et surtout les plus bas. Ce faisant, elle abaisse les salaires de certains « autochtones[123] ». Cela arrange bien le patronat, toujours soucieux de main-d'œuvre à bon marché. L'emploi de la main-d'œuvre illégale maintient à « un faible niveau les salaires dans divers secteurs d'activité. Des emplois qui,

---

119. Cité par Malika Sorel-Sutter, *Immigration-intégration*, Paris, Mille et une nuits, 2011, p. 140.
120. Michèle Tribalat, *Les yeux grands fermés*, Paris, éd. Denoël, 2010, p. 108.
121. Christopher Caldwell, *Une révolution sous nos yeux, op. cit.*, p. 83.
122. Michèle Tribalat, *ibid.*, p. 137.
123. Christopher Caldwell, *ibid.*, p. 72, 73, 75.

de la sorte, deviennent peu attractifs, et que les élites et le patronat ont longtemps reproché et reprochent encore aux Français de ne pas vouloir[124] ».

Plein d'enthousiasme pour l'immigration extra-européenne, le patronat est tout aussi favorable que la gauche radicale à l'ouverture des frontières et à la totale liberté de l'immigration. Si bien que Laurence Parisot, alors présidente du MEDEF, a réclamé pour la France les bienfaits du métissage[125]. Cependant, même si elle est utile à court terme à certaines entreprises, l'immigration a un effet négatif sur l'économie des pays européens, car elle y freine les progrès de la productivité[126].

La France n'a pas besoin des immigrés extra-européens pour son économie. Ce sont les immigrés extra-européens qui ont intérêt à venir en France pour obtenir des niveaux de vie incommensurablement supérieurs à ceux de leurs pays d'origine. Aussi bien y a-t-il longtemps que l'immigration extra-européenne légale n'est plus une immigration de travailleurs, mais une immigration de colonisation faite de familles souvent très nombreuses dont la masse cumulée finit par constituer des peuples entiers.

---

124. Malika SOREL-SUTTER, *Immigration-intégration, op. cit.*, p. 146.
125. Hervé ALGALARRONDO, *La gauche et la préférence immigrée, op. cit.*, p. 46.
126. Christopher CALDWELL, *Une révolution sous nos yeux, op. cit.*, p. 75.

## LES DROITS DE L'HOMME GÉNÉRATEURS D'UNE CONTRE-SOCIÉTÉ

Installée sur le sol français, cette contre-société est étrangère d'esprit à la France. Cela fait trois décennies que l'immigration extra-européenne légale est principalement une immigration qui résulte des stratégies matrimoniales, notamment au sein des familles issues de l'immigration en provenance du Maghreb et de l'Afrique noire. Rendant très facile et parfois automatique l'accès à la nationalité française des enfants d'origine étrangère nés en France, le code français de la nationalité produit en grand nombre des individus officiellement français, mais restés affectivement des étrangers, et souhaitant en conséquence faire venir leur conjoint du pays d'origine. À chaque nouvelle génération, pourtant juridiquement française, le choix du conjoint – et tout particulièrement de l'épouse – que l'on fait venir de «là-bas» entraîne de nouvelles entrées d'étrangers[127]. Dès lors, les nouveaux arrivants ne viennent pas pour vivre dans la société française, ils viennent pour vivre dans leur diaspora[128]. Et, de ce fait, ils renforcent cette diaspora dans sa logique d'extériorité – et parfois d'hostilité – à la société française.

L'immigration extra-européenne est désormais constituée non plus d'individus, mais de peuples. Il se trouve que si les individus peuvent s'intégrer, les peuples ne s'intègrent pas. Une nation ne peut pas assimiler des peuples, surtout

---

127. Michèle TRIBALAT, *Les yeux grands fermés, op. cit.*, p. 44, 45, 50.
128. Malika SOREL-SUTTER, *Immigration-intégration, op. cit.*, p. 139.

si différents d'elle. L'assimilation n'a lieu qu'à la marge de ces groupes, ne concernant qu'un faible nombre d'individus. Le reste demeurera étranger à la société française et à sa civilisation. Cela donne malheureusement la certitude que, dans leur majorité, ces immigrés et leurs descendants, même possédant la nationalité française, ne s'assimileront pas. Or, si la non-assimilation de quelques étrangers n'est pas un problème pour une nation – ce peut même être un apport exotique original et fécond – en revanche, la non-assimilation de vastes groupes ethniques entraîne la formation d'un contre-peuple, d'une contre-société néfaste au pays d'accueil.

L'existence de grandes diasporas ôte aux immigrés tout besoin d'entrer en contact avec les sociétés européennes, dès lors qu'ils ont reconstitué sur le sol européen leur société d'origine avec ses usages et ses codes. Tout en profitant des avantages du pays d'accueil, en particulier de la manne des prestations sociales et avantages médicaux, bien des populations appartenant à «la diversité», comme on dit pudiquement en jargon politiquement correct, forment sur le sol européen des ensembles nationaux extra-européens, dont l'identité est constamment entretenue et stimulée par l'arrivée du flux continu des migrants en provenance des pays d'origine.

Cette contre-société extra-européenne tend à monopoliser les quartiers de logements sociaux des grandes agglomérations, où avaient vécu de manière assez heureuse les classes populaires et une partie de la classe moyenne au temps des Trente Glorieuses. Aujourd'hui, c'est de manière inexacte que l'on continue à qualifier ces banlieues de «quartiers populaires». Le terme d'ethnique serait plus pertinent. Dans la langue française, le mot désigne classiquement des groupes reposant notamment sur la communauté de langue, de religion, d'institutions sociales[129]. Mais il y a maintenant un autre sens du mot, venu des États-Unis, qui ajoute à cela une dimension racialiste[130]. Dans ces deux acceptions, l'appellation de quartiers ethniques est parfaitement adéquate.

Les quartiers ethniques sont un gouffre financier, un véritable tonneau des Danaïdes dans lequel on déverse depuis des décennies à grands flots l'argent public – incluant les subventions sans cesse renouvelées à une foule d'associations censées servir à l'intégration – sans guère produire d'assimilation des populations bénéficiaires de ces dépenses. C'est ce que l'on appelle fallacieusement la politique de la ville.

Au nom de la religion des droits de l'homme, il y a, en matière de dépense publique, une réelle discrimination en faveur des quartiers où vit l'immigration extra-européenne. De 2004 à 2013, les crédits consacrés aux démolitions-reconstructions dans ces quartiers ont été de l'ordre de 40 milliards d'euros[131]. Et il faut ajouter à cela les grands travaux d'infrastructure (prolongation des lignes de métro, etc.), mais aussi la masse immense de la dépense publique

---

129. Joseph DENIKER, V° «Race», *La Grande Encyclopédie*, Paris, t. 28, p. 12.
130. Dominique SCHNAPPER, *La communauté des citoyens*, Paris, éd. Gallimard, 2003, p. 18.
131. Christophe Guilly, *Fractures françaises*, Paris, éd. Flammarion, 2013, p. 26.

à caractère social, familial et médical, ainsi que le coût de la surdélinquance et d'un impossible maintien de l'ordre dans ces zones de non-droit où l'autorité de l'État est incapable de s'exercer.

Le sociologue américain Robert Putnam a montré qu'au sein d'une société, la diversité ethnique est un facteur important d'affaiblissement de la confiance entre les individus[132]. Dans les pays européens, où l'on avait, comme l'écrit Tocqueville, «le bonheur de naître au milieu d'hommes que la nature avait faits nos semblables[133]», c'est folie d'avoir laissé s'installer une société que l'on appelle de manière fallacieuse «multiculturelle». C'est folie plus grande encore de laisser la situation continuer à se dégrader par un déversement continuel de nouveaux immigrés.

## LES DROITS DE L'HOMME, ARME DE L'IMMIGRATION CONTRE LA FRANCE

Dans sa grande majorité, la population issue de l'immigration extra-européenne ne se sent nullement concernée par l'«héritage indivis» que constitue la France selon les termes de Renan[134]. Le «plébiscite de tous les jours» et le «désir de vivre ensemble» célébrés par lui sont inexistants chez la plupart de ceux auxquels l'application forcenée du

---

132. Robert D. Putnam, *Bowling Alone: the Collapse and Revival of American Community*, 2000, cité par Christophe Guilly, *ibid.*, p. 128-129.
133. Alexis de Tocqueville, *De la démocratie en Amérique*, II$^e$ partie, 10.
134. Ernest RENAN, *Qu'est-ce qu'une nation? Op. cit.*

droit du sol décerne quasi mécaniquement la nationalité française.

Les enfants de l'immigration issue du Maghreb, d'Afrique noire et de l'Orient méditerranéen n'éprouvent généralement pas le désir de vivre ensemble avec les Français autochtones. Très souvent de civilisation musulmane, ils ont leur propre héritage, largement antagoniste du nôtre, dans lequel ils ne se reconnaissent pas. Pour la plupart, ils n'ont aucune envie de faire partie de notre nation : ils sont pour elle un corps étranger, qui la handicape. S'il y a de leur part un « plébiscite de tous les jours », c'est un plébiscite marquant leur hostilité envers la nation qui les accueille. Après les grandes émeutes de banlieue de l'automne 2005, le célèbre historien René Rémond observait que le discours tenu par les émeutiers traduisait « un refus de s'intégrer et même, dans certains cas, une haine de la France[135] ». Les quartiers ethniques constituent souvent des enclaves où l'on est très loin de la France. Un enfant peut y être élevé en se sentant complètement ailleurs, dans une banlieue d'une ville du Mali ou du Maghreb, voire d'Arabie saoudite[136].

L'actuelle immigration n'éprouve, dans l'ensemble, pas d'intérêt particulier pour la France. On ne vient pas en France pour être français, pour la carte d'identité qui marque l'appartenance à la communauté nationale : on vient pour la carte Vitale, ce petit rectangle de matière plastique vert, sésame qui ouvre les soins gratuits. On vient pour tous les

---

135. *Le Figaro*, 20 décembre 2005, p. 16.
136. C'est le constat effectué dans certains quartiers par Gilles KEPEL, *Passion française. Les voix des cités*, Paris, Gallimard, 2014.

avantages médicaux et sociaux que la France distribue avec une folle prodigalité aux ressortissants de toutes les nations du monde. Des gens arrivent de la terre entière pour cela. Avec en plus pour certains de ceux qui sont issus des anciennes colonies, l'idée d'une récupération de ce qu'ils croient que la France leur a pris au temps de la colonisation. On ne vient donc pas s'intégrer, on vient revendiquer. Quant à la carte d'identité, les enfants nés en France d'étrangers entrés en fraude l'auront de manière certaine. Mais la nationalité française ne suscite chez beaucoup d'entre eux aucun attachement, et certains crachent dessus moralement.

Comme avec les autres pays européens, l'immigration extra-européenne est avec la France dans un strict rapport d'intérêt. Elle vient chercher en France un niveau de vie miraculeusement élevé au regard de celui du pays d'origine. Un niveau de vie que les immigrés tirent de leurs salaires, mais plus encore de la prodigalité délirante de l'État providence français envers eux. C'est ainsi que Malika Sorel-Sutter souligne que la France est pour l'immigration africaine « un diamant social[137] ».

Plus encore que les autres Européens, les Français sont victimes de la religion humanitaire des droits de l'homme au nom de laquelle les immigrés illégalement présents sur le territoire bénéficient d'une protection sociale et médicale à la générosité sans équivalent, et les immigrés légaux des bontés sans limite de l'État providence.

Les candidats à l'immigration le savent, et c'est là ce qui attire beaucoup d'entre eux. Chaque mesure de légalisation

---

137. *Le Figaro Magazine*, 6 mai 2011.

de clandestins entraîne mécaniquement l'afflux de nouveaux clandestins. Le cosmopolitisme dément du millénarisme de la religion des droits de l'homme tue la France et l'Europe en les sanctifiant malgré elles.

Il n'y a pas de vouloir vivre ensemble. Il y a d'un côté la nation véritable – constituée de la vieille souche française millénaire à laquelle se sont agrégés des nouveaux venus ayant adopté cet héritage indivis – et de l'autre des gens qui sont venus vivre sur ce sol, car c'est avantageux pour eux, mais dont beaucoup rejettent le pays d'accueil, son histoire, son patrimoine, ses modes de pensée. Si une grande partie des immigrés actuels forcent la porte des nations européennes pour s'y établir, ce n'est pas pour s'intégrer au mode de vie européen. Ils n'ont pas forcément de sympathie pour le pays dans lequel ils s'installent, car « on peut migrer vers un endroit en y étant hostile[138] ». Une grande partie de l'actuelle immigration en Europe souhaite simplement poursuivre son mode de vie habituel avec un niveau de vie européen.

Dans leur refus de s'assimiler à la société française, les populations issues de l'immigration extra-européenne bénéficient de l'arme très efficace des droits de l'homme pour obtenir très fréquemment gain de cause auprès de la justice et de l'administration. C'est grâce aux droits de l'homme que peuvent proliférer ces groupes ethniques étrangers à la France par leurs origines et leurs sentiments et qui la combattent de l'intérieur, s'appropriant des portions

---

138. Christopher CALDWELL, *Une révolution sous nos yeux, op. cit.*, p. 311.

de son territoire, refusant ses lois, ses mœurs et sa civilisation, avec la prétention de leur substituer les leurs.

## LA DÉTRESSE DES HABITANTS DE BONNE VOLONTÉ

Ils sont les victimes privilégiées de la contre-société favorisée par les droits de l'homme. Composés des millions de personnes rassemblées autour d'identités indifférentes ou même hostiles à la civilisation européenne, les groupes ethniques constitutifs de cette contre-société sont souvent caractérisés par un sentiment identitaire très fort qui peut aisément tourner au racisme anti-blanc.

Leur persécution va également prendre pour cibles ceux des membres du groupe qui seraient coupables de vouloir s'intégrer. Sont particulièrement visés, dans les quartiers à forte concentration musulmane, ceux qui prennent des libertés avec les obligations religieuses de l'islam, comme le jeûne du ramadan. Et on se souvient qu'un jeune homme d'ascendance maghrébine a été tué dans la banlieue parisienne sous les yeux de sa mère et de sa femme parce qu'il voulait, à la suite d'un accrochage avec une autre voiture, remplir un constat amiable, c'est-à-dire se comporter «en Français».

Mais ce sont surtout ceux que l'on appelle souvent les petits Blancs qui sont victimes de la confrontation avec la contre-société née de l'immigration extra-européenne sous la protection de la religion des droits de l'homme. Dans les quartiers de logements sociaux, l'immigration de coloni-sation refoule les autres catégories modestes, pourtant «éligibles au parc social[139]». Les «classes populaires "autoch-tones"» fuient pour esquiver «les concentrations ethniques importantes auxquelles elles seraient confrontées». Elles redoutent le racisme anti-blanc, quantitativement supérieur à celui dont se plaignent les populations extra-européennes. Le cœur des grandes villes étant trop cher pour les catégories populaires autochtones, elles se réfugient, quand elles le peuvent, très loin du centre, dans les zones pavillonnaires de la grande périphérie et même en zone rurale. Cela leur permet d'échapper «à la délinquance des banlieues et à la fréquentation de populations d'origine étrangère qui menacent leur position majoritaire». Mais elles ressentent comme une trahison que l'État se soit «désengagé des zones faiblement urbanisées où elles ont trouvé refuge», alors que toutes les attentions des pouvoirs publics vont aux quartiers peuplés d'immigrés[140].

La volonté des pouvoirs publics de favoriser les popula-tions extra-européennes «donne souvent aux autochtones le sentiment d'être des citoyens de deuxième classe dans leur propre pays[141]». De fait, il existe une trahison de l'État envers les «petits Blancs». Le regard des médias et la solli-citude des pouvoirs publics sont focalisés sur les problèmes de pauvreté des jeunes de Seine-Saint-Denis, alors que

---

139. Christophe GUILLY, «La fin de l'assimilation», *Le Figaro*, 13 déc. 2013, p. 16.
140. Michèle TRIBALAT, *Assimilation. La fin du modèle français, op. cit.,* p.17, 254, 263, 265, 270, 271.
141. Christopher CALDWELL, *Une révolution sous nos yeux, op. cit.,* p. 155.

la pauvreté est presque aussi grande pour la jeunesse du Pas-de-Calais, du Nord, des Pyrénées-Orientales, de l'Aude, de l'Aisne ou des territoires urbanisés des Ardennes. En très grande banlieue, mais aussi dans les petites villes et à la campagne, les classes populaires autochtones se trouvent exclues des grandes décisions de politique sociale, d'urbanisme et d'aménagement du territoire. Bien au contraire, elles sont victimes des fermetures d'écoles, d'hôpitaux, de tribunaux ou de bureaux de poste, et privées des emplois correspondants[142].

Les catégories populaires indigènes ne vivent plus «là où se crée la richesse[143]». Elles vivent loin des grands bassins d'emploi et des zones où l'offre scolaire est la plus riche. De ce fait, elles ne sont guère présentes dans «les métiers d'ouvriers de service qui ont moins souffert de la crise», où les immigrés sont nombreux grâce au fait que leurs lieux de vie sont intégrés «dans des périphéries urbaines très dynamiques». D'où la dégradation de la situation de toute une catégorie de «petits Blancs[144]».

Tout cela, jamais les peuples européens ne l'ont voulu. Si on les avait consultés, jamais ils ne l'auraient accepté. Mais on ne les a pas consultés. Il y a eu sur la question de l'immigration un déni de démocratie. L'immigration de colonisation extra-européenne a été imposée sournoisement aux peuples de l'Europe occidentale par leurs dirigeants et aussi

---

142. Michèle Tribalat, *ibid.*, p. 252-256, 263.
143. Christophe Guilly, *art. cit.*, p. 16.
144. Laurent Davezies, *La crise qui vient*, 2012, cité par M. Tribalat, *Assimilation. La fin du modèle français, op. cit.*, p. 257.

par leurs juges. En France, la chose est particulièrement nette.

## TRAHISON DU PEUPLE FRANÇAIS PAR LE CONSEIL D'ÉTAT

C'est au nom de la religion des droits de l'homme qu'a eu lieu cette trahison. Sans que la chose soit vraiment connue du public, c'est un arrêt du Conseil d'État qui constitue l'acte fondateur de la transformation de la France en une «colonie» de peuplement extra-européen. Cela s'inscrit dans le contexte d'un retour à une «prêtrise judiciaire» sous l'effet de la religion d'État des droits de l'homme. Avec l'invention des principes généraux du droit, qu'ils prétendent découvrir au besoin «dans le ciel des valeurs essentielles» de nos sociétés humanitaristes, les juges contemporains ont retrouvé la posture des anciens «prêtres de la justice», les juges de l'Ancien Régime, dont la vision théocratique du droit ne détachait jamais la loi positive «des préceptes de la loi divine et des principes du droit naturel[145]». Comme l'observait voici déjà un demi-siècle le professeur de droit Georges Lavau, les hauts magistrats se sont arrogés, en créant des règles nouvelles au nom des principes généraux du droit, «une fonction *de type prophétique*[146]». Une fonction de nature religieuse, encore que laïcisée, qui fait pleinement

---

145. Jacques KRYNEN, *L'emprise contemporaine des juges*, Paris, éd. Gallimard, 2012, p. 335, 338, 339, 420.
146. *Ibid.*, p. 340.

d'eux des juges-prêtres recherchant dans les dogmes de la religion des droits de l'homme leurs solutions de droit.

Le 8 décembre 1978, les membres du Conseil d'État se sont comportés en prêtres de la religion des droits de l'homme, en rendant l'arrêt par lequel ils faisaient droit à la demande du Gisti (Groupe d'information et de soutien des travailleurs immigrés), l'un de ces «groupuscules militants néogauchistes» couramment appelés associations de défense des étrangers[147] – des groupuscules scandaleusement subventionnés avec l'argent des contribuables français, alors qu'ils sont en guerre contre les intérêts du «peuple indigène[148]». Dans cet arrêt *Gisti*, le Conseil d'État proclamait qu'un principe général du droit donnait aux étrangers résidant régulièrement en France le droit de mener une vie familiale normale. Concrètement, cela donnait aux immigrés venus travailler en France le droit de faire venir les membres leur famille, lesquels allaient contribuer à surcharger un marché du travail déjà gravement touché par la montée du chômage.

Ce sont les énarques du Conseil d'État, parmi lesquels les socialistes étaient alors nombreux, qui sont historiquement les premiers responsables de la montée en France des problèmes insolubles nés du passage à une immigration de colonisation.

Étrangement, les grands prêtres de la justice administrative ont voulu ignorer qu'une vie familiale normale était parfaitement possible dans le pays d'origine, et dans de bonnes conditions matérielles grâce au pécule amassé par

---

147. Pierre-André TAGUIEFF, *Les contre-réactionnaires, op. cit.*, p. 578.
148. Renaud CAMUS, *Le grand remplacement*, Paris, David Reinharc, 2011, p. 54.

le travailleur immigré pendant ses années françaises. C'est ce que jugera en 1996 la Cour européenne de sauvegarde des droits de l'homme dans l'affaire *Gül c. Suisse*, estimant la vie familiale normale possible par un retour au pays natal[149]. Mais, en 1978, l'obsession millénariste de la libre immigration avait conduit le Conseil d'État, annihilant une mesure réaliste du gouvernement de Raymond Barre, à décider que le regroupement familial se ferait nécessairement en France. Au nom des dogmes de la religion d'État des droits de l'homme, le Conseil d'État a méprisé les intérêts du peuple français et gravement compromis son avenir en faisant de l'immigration de peuplement en France un nouveau droit de l'homme.

Tous ceux qui aujourd'hui souffrent physiquement et moralement des conséquences néfastes de l'immigration de colonisation le doivent pour une large part à un arrêt du Conseil d'État vieux de près de quarante ans. Aussi bien n'est-ce qu'un des aspects de la participation des élites au suicide assisté de la France, suicide obligatoire, car présenté comme l'accomplissement du bien tel qu'il résulte de l'inexorable mécanique millénariste des droits de l'homme.

## *UN SUICIDE ASSISTÉ DE LA FRANCE*

Ressemblant à un assassinat feutré, le suicide de la France par son acquiescement résigné à l'immigration extra-européenne de peuplement est mis en évidence par Malika

---

149. Michèle Tribalat, *Les yeux grands fermés*, *op. cit.*, p. 48.

Sorel-Sutter : « Si les flux migratoires ne sont pas réduits au maximum, les Français de souche européenne risquent de devenir minoritaires sur la terre de leurs ancêtres. » De surcroît, en raison « de la difficulté de la France à intégrer les nouveaux entrants, on assiste à une diminution du nombre des Français porteurs de l'identité française[150] ». Bien des Français « se sentent aujourd'hui apatrides sur leur propre terre[151] ».

Les promoteurs de ce suicide tentent de le justifier par l'affirmation incantatoire, de nature religieuse, inlassablement répétée depuis plus de trente ans, selon laquelle l'immigration extra-européenne serait « une chance pour la France ». Cela revient à survaloriser l'immigré, à le dispenser de faire l'effort de devenir Français, c'est-à-dire d'adopter les mœurs et d'acquérir les références permettant de s'inscrire dans le passé de ce pays, dans son histoire et sa civilisation. L'image de la France se trouve complètement dépréciée par l'affirmation que l'immigré est une chance pour elle alors qu'il n'a pas choisi d'adhérer à ce qu'elle constitue. La France, son histoire, sa civilisation, son patrimoine intellectuel, littéraire, artistique, tout cela ne compte plus. Seul compte l'avenir, puisque l'immigré va y prendre sa place. Le précieux héritage indivis qu'est la France est méprisé comme une vieillerie sans valeur[152]. Vieillerie sans valeur, « la "douce France" de la chanson de Roland, le

---

150. Malika SOREL-SUTTER, *Valeurs actuelles*, 19 avril 2012 ; *Le Figaro Magazine*, 6 mai 2011.
151. Malika SOREL-SUTTER, *Immigration-intégration, op. cit.*, p. 258.
152. Natacha POLONY a une analyse voisine. *Le Figaro*, 26-27 oct. 2013, p. 17.

"beau royaume" de la petite Jeanne, "la princesse des contes et la madone aux fresques des murs" qu'évoque Charles de Gaulle à la première page de ses *Mémoires de Guerre*, *La France aux yeux de tourterelle* d'Aragon, "Pays qui chante : Orléans, Beaugency, Vendôme"[153] ».

Dans cette logique, ce n'est pas à l'immigré de s'adapter au pays d'accueil, mais à celui-ci de s'adapter à l'immigré. Tel est le thème de plusieurs rapports officiels récents, complaisamment rédigés dans le sens radicalement anti-français voulu par l'actuel pouvoir socialiste. Tel était déjà le thème du discours tristement fameux de François Mitterrand, le 18 mai 1987, dans l'amphithéâtre Richelieu de la Sorbonne : « Je veux que l'on puisse venir en France, que l'on puisse bousculer la culture et les usages français. » Un discours de trahison de la France, un discours honteux et même criminel de la part du chef de l'État.

Dans ce même esprit de répudiation de la France, un livre récent[154] prône une soumission inconditionnelle « aux exigences de l'islam ». Estimant vaines les « espérances assimilationnistes », il nous invite à nous plier à « la réislamisation croissante et spectaculaire des musulmans de France ». Il nous enjoint de renoncer « à notre passé et à nos principes, à notre histoire et à notre code ». Pour permettre à l'autre de « rester ce qu'il est », nous devrions « oublier ce que nous sommes et d'où nous venons[155] ».

---

153. Jean-Marie CARBASSE, « Peuple, nation, patrie. Des définitions "périlleuses" », *Études offertes à Jean-Louis Harouel*, *op. cit.*, p. 214.
154. Claude ASKOLOVITCH, *Nos mal-aimés*, Paris, éd. Grasset, 2013.
155. Alain FINKIELKRAUT, *Causeur*, n° 7, novembre 2013, p. 46-47.

La religion d'État des droits de l'homme veut que l'autre reste entièrement lui en s'installant chez nous. Pour qu'il y soit parfaitement chez lui, il faut que nous cessions d'être nous. Que nous nous suicidions, au moins moralement dans un premier temps. Après quoi, on ne nous laissera peut-être pas le choix.

# RÉSISTER AUX DROITS DE L'HOMME POUR SURVIVRE COMME PEUPLE

Quand un peuple intrus utilise les droits de l'homme contre le peuple d'un pays pour lui arracher des avantages indus, pour le déposséder progressivement de son territoire, pour se substituer petit à petit à ce peuple d'origine en qualité de peuple possesseur du pays, alors il est clair que le peuple en voie d'éviction et de remplacement est en train d'être broyé par la mécanique des droits de l'homme.

Il est clair aussi que tous ceux dans ce pays qui, au nom de la sacralité des droits de l'homme, participent à cette mécanique destructrice de leur peuple au bénéfice du peuple conquérant sont les collaborateurs de celui-ci. Du temps de l'occupation allemande, on appelait ce genre de personnes des « collabos ».

Et que l'on n'aille pas objecter qu'à la différence de ceux qui s'engagèrent dans la collaboration, les actuels dévots des droits de l'homme seraient de sympathiques idéalistes ! Bien des « collabos » étaient des idéalistes. Simplement, ils furent des idéalistes d'une cause néfaste à la France, tout comme le sont aujourd'hui les immigrationnistes.

Quand un pays est, comme c'est le cas de la France, soumis à la flagellation de la religion millénariste des droits de l'homme qui compromet son existence même en favorisant sa submersion par une immigration extra-européenne sans limite et sa domination par une civilisation musulmane conquérante qui veut imposer ses mœurs et son droit, ce pays est confronté à deux impératifs vitaux : bloquer d'urgence les flux migratoires et arrêter net le processus de la conquête musulmane.

Pour y parvenir, s'il veut essayer de survivre, le peuple de ce pays doit rompre avec la religion – suicidaire pour lui – des droits de l'homme. Le besoin vital de ce peuple n'est pas d'être protégé contre ses dirigeants par les droits de l'homme, mais d'être protégé par ses dirigeants contre les droits de l'homme.

## DISCRIMINER POUR BLOQUER LES FLUX MIGRATOIRES

Suicidaire pour les Européens, l'accueil de toute l'immigration avide de pénétrer à tout prix en Europe pour accéder à ses niveaux de vie élevés ne serait même pas profitable aux nouveaux venus. Comme le notait Victor Hugo : « Le jour où la misère de tous saisit la richesse de quelques-uns, la nuit se fait, il n'y a plus rien. Plus rien pour personne[156]. »

---

156. *Choses vues (1847-1848)*.

Il faut empêcher que la nuit ne tombe sur l'Europe. Et pour cela il faut en finir avec l'universalisme dément de la religion des droits de l'homme qui prétend faire de l'immigration un nouveau droit de l'homme. Sur son territoire, chaque peuple a droit à ce que soit respectée « son identité propre[157] ». Il faut revenir à l'amour prioritaire de soi. La France doit modifier son droit pour mettre fin à l'immigration de colonisation.

Cela n'a rien de raciste. Le général de Gaulle disait que la France était ouverte à toutes les races, que c'était très bien qu'il y eût des Français jaunes, noirs ou bruns, mais « à condition qu'ils restent une petite minorité[158] ». La France ne peut pas, sans cesser d'être elle-même, continuer à inciter l'Afrique noire, le Maghreb et le Moyen-Orient à se déverser sur son territoire sous l'égide des droits de l'homme.

Pour cela il faut que la France cesse de se comporter comme le bureau d'aide sociale et médicale de l'univers. Il faut changer la législation pour qu'il n'existe plus d'avantage matériel (prestations, allocations, logement, soins médicaux gratuits) à pénétrer ou rester de manière illégale sur le territoire français.

Il faut abolir le droit au regroupement familial. Il doit être subordonné à l'acquisition de la nationalité française par le membre de la famille présent sur le territoire national.

Il faut mettre fin au bradage de la nationalité française en abolissant son acquisition de droit par la naissance sur le

---

157. Malika Sorel-Sutter, *Imigration-intégration, op. cit.*, p. 254.
158. Rapporté par Alain Peyrefitte, *C'était de Gaulle*, Paris, éd. de Fallois, 1994, t. 1, p. 52.

territoire français. L'acquisition de la nationalité doit être subordonnée à une démarche convaincante d'adhésion à la France : langue, valeurs, mœurs, histoire. Enfin, il convient de limiter au maximum les doubles nationalités en obligeant les intéressés à choisir.

Il faut décider que, pour les autorisations d'immigrer, les régularisations de clandestins ou les naturalisations, la France sera souverainement libre d'admettre sur son territoire ou d'accueillir dans ses rangs uniquement les personnes paraissant idoines.

Bref, il est indispensable de discriminer. Comme l'observait le grand politologue italien Norberto Bobbio, la justice veut que les égaux soient traités de façon égale et les inégaux de façon inégale. Une discrimination ne sera injuste qu'à cause de « l'inexistence de raisons valables pour un traitement inégal », si bien qu'il peut y avoir des discriminations justes[159]. Dans la logique de la cité, la discrimination juste par excellence est celle que l'on fait entre le citoyen et le non-citoyen, les nationaux et les étrangers.

Il faut bien se décider à discriminer pour bloquer enfin les flux migratoires, surtout à un moment où l'État islamique utilise comme arme de guerre des millions d'immigrants dans leur très grande majorité musulmans, qu'il jette sur l'Europe afin de la submerger. Et pour combattre efficacement le processus de la conquête musulmane de la France, il est indispensable d'y assujettir l'islam à un statut particulier.

---

159. Norberto BOBBIO, *Droite et gauche*, Paris, éd. du Seuil, 1998, p. 108-109, 131.

## SOUMETTRE L'ISLAM À UN RÉGIME DÉROGATOIRE

C'est indispensable pour bloquer la conquête musulmane. Les États des pays européens ont le devoir de protéger les peuples dont ils sont le visage institutionnel contre la poursuite de la conquête de leur territoire par le groupe identitaire politico-religieux résultant de l'immigration musulmane. Il est urgent d'agir avant qu'il ne soit trop tard, tant que cela est encore possible de le faire par des moyens non violents.

La politique qui s'impose est d'appliquer à l'islam un régime spécifique qui l'oblige à renoncer à sa prétention de régir l'ensemble de la vie sociale, qui le contraigne à se limiter à la sphère privée. Bref, un régime juridique qui conduise l'islam installé en Europe à se rapprocher de la conception européenne de la religion en mettant complètement de côté son arsenal de règles juridiques et autres normes sociales pour n'être qu'une croyance transcendante donnant lieu à un culte.

Pour ce faire, il faut empêcher l'islam de continuer à imposer à la France sa civilisation, ses minarets, ses modes de vie, ses règles alimentaires et ses comportements vestimentaires. Cela suppose, dans tous ces domaines, de refuser de continuer à céder aux revendications des musulmans, quand bien même elles se réclameraient des droits de l'homme.

Dans cet esprit, le devoir de nos gouvernants est d'ailleurs de rappeler aux musulmans présents sur notre territoire que, du point de vue même de l'islam, ils ne sont pas fondés à exiger de la France le respect de leurs prétendues obligations religieuses. L'installation en «terre de mécréance» est en effet interdite en règle générale par le Coran, et s'il arrive à des musulmans d'y résider tout de même en y formant une population minoritaire, ils se trouvent dispensés du respect de leurs obligations coraniques[160].

Bref, il s'agit de faire savoir une fois pour toutes aux musulmans que les appropriations de territoires opérées par eux en France durant les dernières décennies sont nulles et non avenues, que la France n'est en aucune de ses parties une terre d'islam, mais bel et bien une terre de mécréance et qu'elle le restera, et qu'en conséquence les musulmans présents en France ont le devoir de s'y montrer discrets comme leurs textes saints leur permettent de le faire en terre de mécréance.

Le devoir des gouvernants est de faire taire les revendications alimentaires, vestimentaires et autres des musulmans en signifiant que, dès lors qu'elles ne sont pas requises en terre de mécréance, elles constituent une forme d'agression contre les peuples européens. Il faut en finir avec la tyrannie du *halal*, avec les voiles et les foulards islamiques, avec le refus de la mixité, avec les mosquées triomphalistes de style arabe financées par des États qui interdisent les églises sur leur territoire et répriment durement toute manifestation

---

160. Claude SICARD, «Le port de la burqa en pays non musulman: une provocation?», *Le Figaro*, 2 août 2013, p. 12. Coran, IV,104 ; II,185 ; IV,101 ; XVI,115.

d'incroyance. Des financements qui devraient être prohibés par les gouvernements européens.

## S'INSPIRER DU MODÈLE DISCRIMINATOIRE SUISSE

Dans le domaine de la discrimination pour lutter contre l'emprise sociale de l'islam, la vieille et exemplaire démocratie helvétique a fait preuve d'un sens politique très sûr. En interdisant les minarets, les Suisses ont simplement signifié aux musulmans qu'ils devaient faire preuve de discrétion en terre de mécréance, qu'ils ne se trouvaient pas en terre d'islam. Les Suisses ont refusé l'islamisation visuelle de l'espace public de leur pays, sans pour autant restreindre la liberté de culte.

Ainsi, les musulmans ne souffrent d'aucune discrimination relative à leur liberté religieuse. En revanche, ils sont l'objet d'une discrimination relative à la symbolique architecturale de leurs édifices religieux. Il n'est plus permis d'édifier des minarets en Suisse, alors qu'il est toujours possible d'y élever des clochers. Cette discrimination, destinée à marquer un coup d'arrêt psychologique aux ardeurs conquérantes de l'islam, est amplement justifiée par la prétention de la civilisation musulmane d'imposer à la société d'accueil ses mœurs et son droit prétendument divin.

Il faut prendre modèle sur la Suisse. Il faut en finir avec ce folklore arabo-musulman qui est, on le sait, la couveuse

d'où éclôt le terrorisme islamiste. Il faut en finir avec l'isla-
misation-arabisation visuelle et sociale des pays européens.
Il faut en finir avec la visibilité ostentatoire de l'islam et
avec sa pulsion de domination de la société. Il faut interdire
les minarets, faire respecter la prohibition du voile intégral,
décourager autant que possible le port du foulard islamique,
faire cesser la tyrannie des interdits alimentaires et la
pudibonderie du cloisonnement des sexes qui atteint son
absurdité maximale dans le domaine des soins médicaux.
Il faut réformer le droit du travail pour permettre à un
employeur, s'il le juge bon, d'interdire le port de toute
forme de voile ou même de foulard à ses employées.

Ce ne sont pas des restrictions de la liberté religieuse.
Ce sont des mesures de légitime résistance à une entreprise
conquérante et spoliatrice visant, dans le meilleur des cas,
à dépouiller la France et d'autres pays européens d'une
partie de leur territoire. L'enjeu du conflit entre l'islam et
les pays européens est de savoir si, sur des pans entiers de
l'espace national, le droit et les mœurs des musulmans vont
prévaloir sur le droit et les mœurs de la nation d'accueil. Il
est de savoir si l'État se laissera définitivement paralyser par
l'impudente intimidation musulmane.

La plupart des musulmans vivant en Europe s'exonèrent
un peu facilement d'assumer les débordements sanglants
de l'islamisme. Il était choquant, à quelques jours des
attentats du 22 mars 2016 perpétrés au nom du Coran,
de voir dans les magasins de quartiers non musulmans de
la banlieue de Bruxelles des jeunes femmes coquettes avec
leur *hidjab* bien ajusté autour de la tête et du cou, et qui

ne semblaient aucunement gênées de leur affichage identitaire musulman. Le fait que l'ostentation systématique de la symbolique visuelle de l'islam dans le paysage européen crée un climat qui contribue à la fabrication du terrorisme islamiste mériterait sans doute d'être souligné, au moyen de campagnes de sensibilisation.

Bref, en matière de visibilité sociale, il faut appliquer à l'islam un régime particulier, un régime dérogatoire. Et ce sera une dérogation juste, car fondée sur le fait que l'islam est avant tout un système politique et juridique, lequel fonctionne en France comme une machine de guerre dirigée contre la civilisation française dans le but de lui substituer la civilisation arabo-musulmane.

Il est vital pour les nations européennes et tout particulièrement pour la France de ne pas traiter l'islam de la même manière que le christianisme quant à la visibilité sociale. Tout est à craindre d'un islam rendu redoutable par son poids démographique et par l'hostilité ouverte ou voilée de l'ensemble du monde musulman envers l'Europe et sa civilisation.

La multiplication des signes islamiques dans l'espace public et la satisfaction des revendications alimentaires et autres des musulmans sont lourdes de menaces pour la laïcité de l'État et la préservation de sociétés sécularisées. La prolifération dans l'espace public des voiles et des foulards musulmans agresse la sécularité de la société en apportant à l'islam une immense visibilité.

Inversement, cette sécularité de la société n'est nullement menacée par les clochers et les croix des cimetières, les saintes vierges et les calvaires des villages, les pardons bretons et les crèches, ni par les jours fériés correspondant à des fêtes chrétiennes. On ne peut que souhaiter le maintien de la prédominance en Europe des signes religieux chrétiens. Ce sera l'indice que la sécularisation de la société engendrée par le christianisme y résiste encore.

Les vestiges pittoresques et inoffensifs de notre civilisation chrétienne deux fois millénaire sont une protection symbolique très forte contre l'entreprise conquérante de l'islam dans la mesure où ils attestent de l'ascendance chrétienne de l'Europe et de la France. D'ailleurs, la disjonction du politique et du religieux étant une invention chrétienne à laquelle l'islam se montre absolument réfractaire, la croix pourrait légitimement être revendiquée comme un emblème de la laïcité et plus généralement de la sécularité des sociétés occidentales. Et il en est de même de l'ensemble des spécificités culturelles de notre société liées au christianisme. Par-delà leur signification religieuse, ce sont des symboles de laïcité, de sécularité, de refus de la confusion du politique et du religieux.

Nous autres, Européens, nous sommes tous – athées, agnostiques, anticléricaux et anti-chrétiens compris – le produit historique de près de deux millénaires de chrétienté. L'Europe n'a pu être ce qu'elle a été que grâce à plus d'un millénaire de résistance chrétienne à l'entreprise de conquête musulmane. C'est parce que l'Europe est demeurée chrétienne qu'elle a pu édifier une civilisation intellectuelle et technique apportant une connaissance du réel et une action sur lui qui ont révolutionné la condition humaine[161].

Pour ce qui est de l'histoire, de la civilisation, des valeurs, il est bien évident que l'Europe est un héritage chrétien et qu'elle ne peut le nier sous peine de se renier entièrement, de perdre totalement son sens. Si l'Union européenne s'était souciée de la réalité, elle aurait placé, au centre du cercle d'étoiles de son drapeau, une croix pareille à celle du drapeau suisse : une croix qui, pas plus que celle-ci ne serait un signe religieux, mais bien l'emblème de l'histoire et de la civilisation de l'Europe.

---

161. Jean-Louis HAROUEL, *Revenir à la nation*, Paris, éd. J.-C. Godefroy, 2014, p. 154-155.

# CONCLUSION

Très précocement, dès l'aube des années 1980, Marcel Gauchet avait eu conscience que si les démocraties européennes faisaient des droits de l'homme leur politique, la conséquence en serait pour elles de « se promettre à l'impuissance collective[162] ». C'est de cette impuissance que les pays d'Europe occidentale – et la France plus que tous les autres – sont en train de mourir par incapacité à donner une réponse politique aux grands défis du déferlement sans fin de l'immigration africaine et moyen-orientale ainsi que de la confrontation sur leur sol avec l'islam de masse.

On ne peut pas fonder une société sur les droits de l'homme dès lors qu'ils sont un dissolvant social. Très grand nom du droit international privé, Henri Battifol observait qu'un faisceau de droits subjectifs ne résout aucunement le problème premier de toute société qui est celui de la vie en commun et que l'erreur du libéralisme individualiste a été de croire que la protection de l'individu suffirait à organiser

---

162. Marcel GAUCHET, « Quand les droits de l'homme deviennent une politique », *art. cit.*, p. 260.

la vie en commun[163]. Les droits de l'homme sont destructeurs de ce fameux vivre ensemble dont les chantres de l'immigrationnisme font leur grande antienne. L'idéologie des droits de l'homme constitue «la première idéologie juridique qui ne se soucie pas de la société, de son homogénéité, de son délicat vivre ensemble[164]». Avec la religion des droits de l'homme, s'estompe l'idée de citoyenneté. L'idée d'une appartenance commune rassemblant les citoyens d'un même pays fait place à une juxtaposition d'individus ne se définissant plus que par leur «droit à avoir des droits[165]», selon la célèbre formule de Hannah Arendt[166].

Pire encore! Outre leur effet de dissolution des sociétés occidentales, les droits de l'homme servent de cheval de Troie à ceux qui visent à la destruction des peuples européens et de la civilisation européenne sous les coups de boutoir d'une immigration incontrôlée et de l'appesantissement de l'influence sociale de l'islam. C'est sous le vocable des droits de l'homme que les forcenés de l'immigrationnisme et les fanatiques de la prosternation devant l'islam inscrivent leur prédication et leur combat. C'est en invoquant les droits de l'homme que de nombreux individus utilisent systématiquement leur droit à avoir des droits au service de revendications menaçant la survie des nations européennes.

---

163. Cité par Yves Lequette, «De la "proximité" au "fait accompli"», *Mélanges en l'honneur du Professeur Pierre Mayer*, Paris, LGDJ, 2015, p. 514-515.
164. Rémy Libchaber, «Circoncision, pluralisme et droits de l'homme», *Répertoire Dalloz*, 2012, p. 2048.
165. Yves Lequette, *art. cit.*, p. 515.
166. Hannah Arendt, *Les origines du totalitarisme…*, Paris, éd. Gallimard, 2002 [1951].

On dit toujours qu'un peuple ne doit pas s'enfermer dans son passé, or c'est ce que nous faisons avec notre culte béat de la religion des droits de l'homme. La France ne peut espérer survivre qu'en rompant avec son culte de la non-discrimination. Elle doit tout particulièrement maintenir et surtout restaurer la nécessaire discrimination entre nationaux et étrangers, qui est le fondement de la cité. Là est le véritable combat citoyen, n'en déplaise aux dévots de l'immigrationnisme.

Nous devons impérativement renoncer à la religion millénariste des droits de l'homme si nous voulons avoir une chance de retrouver un droit porteur de valeurs de durée, une chance de nous décider enfin à bloquer les flux migratoires, une chance de résister victorieusement à la conquête de portions entières de la France par la civilisation arabo-musulmane.

Nous devons appliquer un régime particulier à l'islam en France. Ce n'est pas contraire à la liberté religieuse. L'islam n'est pas une religion au sens habituel du terme : c'est avant tout un code de règles de droit et de comportement qui prétend régir la totalité de la vie sociale. L'islam est porteur d'un projet politique mortel pour les nations occidentales. Il est suicidaire de continuer à laisser monter les minarets et proliférer le voile islamique dans les rues et les entreprises.

L'actuelle arabo-islamisation visuelle de l'espace public constitue un des aspects de la transformation progressive des pays européens en des pays musulmans dans lesquels aura vocation à s'appliquer le droit musulman, et dans lesquels les non-musulmans, si on veut bien les tolérer, sont destinés à devenir des habitants de deuxième zone, ayant un statut d'infériorité et une situation humiliée.

La manière dont les musulmans – et d'une façon générale les immigrés – se servent des droits de l'homme contre les peuples européens est la preuve que des droits instaurés une fois pour toutes dans tous les lieux et tous les temps en faveur d'un homme abstrait et interchangeable ne sont pas valides. Burke et Maistre avaient raison : la commune appartenance à l'humanité se fait par le biais des groupes humains particuliers que sont les peuples, les pays, les nations.

Lorsqu'elle a adopté la *Déclaration des droits de l'homme et du citoyen* du 26 août 1789, la France était une des deux plus grandes puissances du monde. C'était un pays en situation de supériorité objective, plein d'hommes à ne savoir qu'en faire, n'ayant aucune crainte pour son avenir en tant que peuple. La France aurait-elle proclamé des droits universels valables pour tous les hommes s'il y avait eu des millions d'immigrants piétinant à ses frontières pour déferler sur son territoire ? Il est permis d'en douter.

La problématique de la défense de l'individu face à la puissance publique, utilisée par des éléments d'origine extérieure au groupe travaillant au renforcement de leur position par rapport au groupe et au changement de ses règles de vie en leur faveur, devient un instrument de conquête feutrée, mais bien réelle, du pays d'accueil par les éléments d'origine extérieure. Tout notre système des droits de l'homme, destiné à protéger notre peuple de ses gouvernants, est, sous l'effet de la religion des droits de l'homme, détourné par des gens issus d'autres peuples pour s'imposer sur notre sol et faire triompher leurs intérêts contre notre peuple.

Renonçons à la religion des droits de l'homme et à son délire anti-discriminatoire nous imposant l'amour de l'autre jusqu'au mépris de soi. Revenons-en de manière plus réaliste et moins dangereuse aux droits de l'homme conçus comme droits protecteurs des citoyens contre le pouvoir, c'est-à-dire aux libertés publiques, et en particulier à la liberté d'expression, aujourd'hui si menacée par le politiquement correct de la religion des droits de l'homme et par l'islamisation de la France et de l'Europe qu'elle favorise.

La France ne peut espérer survivre qu'en répudiant sa religion d'État des droits de l'homme. De toute manière, si elle glisse dans la dépendance du monde arabo-musulman, ce sera pour elle la sortie pure et simple des droits de l'homme, puisqu'elle aura définitivement perdu la plus fondamentale des libertés publiques, la grande conquête des Lumières : la liberté de communiquer sa pensée. La *Déclaration sur les droits de l'homme en islam* n'autorise en effet la liberté d'expression qu'à condition de ne rien exprimer qui soit en contradiction avec les impératifs de la loi divine musulmane, de la *Charia*.

Dans notre effort pour soulever la chape de plomb de la religion des droits de l'homme afin de tenter de survivre comme peuple, peut-être pourrons-nous trouver paradoxalement un point d'appui dans la *Déclaration des droits de l'homme et du citoyen* de 1789. Ne dit-elle pas en effet en son article 3 que «le principe de toute souveraineté réside essentiellement dans la Nation»? Or, qu'il s'agisse de l'immigration, de l'islam, de la justice ou de la famille, c'est peu de dire qu'échappent entièrement aux Français les grands choix sociétaux, dès lors que ce sont les dogmes socialement mortifères de la religion des droits de l'homme qui seuls sont réellement souverains. Il est plus que temps de permettre enfin au peuple de France de se prononcer sur ces questions pour lui si vitales.

# TABLE DES MATIÈRES

Introduction ........................................................ 9

**Les droits de l'homme, outil de la conquête
musulmane**.......................................................... 15

    L'absence de vraie frontière
    entre islam et islamisme................................. 17

    L'entreprise conquérante
    d'une civilisation hostile................................ 22

    Un système total rejetant la disjonction
    du politique et du religieux............................. 28

    Un système proscrivant par la peur
    la liberté de pensée...................................... 31

    Un système structurellement ultradiscriminatoire... 34

    L'étalage identitaire musulman,
    terreau nourricier du djihadisme ....................... 36

**La religion séculière des droits de l'homme**................. 41

    Un avatar de la religion de l'humanité .................. 42

    Racines gnostiques et millénaristes
    de la religion de l'humanité ............................. 47

    L'idée gnostico-millénariste d'extériorité du mal..... 51

L'association du millénarisme
et de la gnose.........................................................53

La sécularisation du millénarisme
et de la gnose ......................................................57

La mécanique historiciste inexorable des
religions séculières................................................59

Les droits de l'homme,
religion mortelle aux Européens..........................63

Le socle de la religion humanitaire :
un mêmisme d'origine gnostique .........................67

L'invitation à disparaître adressée aux Européens.....69

**Religion des droits de l'homme et
dénaturation du droit**.........................................75

La métamorphose de l'amour en droit et
du droit en religion..............................................77

Un amour obligatoire d'allure millénariste et
gnostique..............................................................82

Droit religieux et nouvelle prêtrise judiciaire............86

L'État-Église de la religion des droits
de l'homme............................................................88

Le droit pénal de la religion des droits de l'homme .89

Effets sociaux mortifères de la religion des
droits de l'homme.................................................93

**Les droits de l'homme au service d'une immigration colonisatrice** ........................................ 99

L'immigration comme droit de l'homme : un nouveau millénarisme .................................. 100

Nécessité économique de l'immigration : un faux argument ............................................ 103

Les droits de l'homme générateurs d'une contre-société ...................................... 106

Les droits de l'homme, arme de l'immigration contre la France ............................................ 109

La détresse des habitants de bonne volonté ........... 113

Trahison du peuple français par le Conseil d'État. 116

Un suicide assisté de la France ........................... 118

**Résister aux droits de l'homme pour survivre comme peuple** ................................................ 123

Discriminer pour bloquer les flux migratoires ........ 124

Soumettre l'islam à un régime dérogatoire .............. 127

S'inspirer du modèle discriminatoire suisse ............. 129

**Conclusion** .......................................................... 135

Achevé d'imprimer par CPI,
en juin 2016
Nº d'impression : 136486

Dépôt légal : mai 2016


*Imprimé en France*